Pescados

Textos y fotos: Editorial Susaeta
Diseño y realización: delicado diseño

© Susaeta Ediciones, S.A.
   Campezo, s/n – 28022 Madrid
   Tel.: 91 300 91 00 – Fax: 91 300 91 18
   D.L. M-8571-1982 – ISBN: 84-305-1111-3
   Impreso en España

Pescados

susaeta

Sumario

Atún en ajada de escabeche

Sardinas en caldo ajado

Para 4 personas
Dificultad: media
Tiempo: 1 hora y 10 minutos
(más el tiempo de remojo)

Ingredientes:

8 sardinas
4 dientes de ajo
4 huevos
1 hoja de laurel
1 ramita de perejil
1 pastilla de caldo de pescado
3 cucharadas de vinagre
2 dl de aceite de oliva
harina y sal

Preparación:

- Limpiar las sardinas; abrirlas, quitarles la cabeza y las vísceras y ponerlas en remojo en una cazuela de barro con agua y vinagre durante unas 2 horas.

- Pelar los dientes de ajo; picar muy fino el perejil; disolver la pastilla de caldo de pescado en 1/2 litro de agua.

- Escurrir y secar con un trapo las sardinas; aplanarlas y pasarlas por harina.

- Calentar en una sartén el aceite y freír las sardinas; retirarlas.

- Verter el aceite en una cazuela de barro plana y, una vez bien caliente, sofreír los ajos; añadir el caldo, el perejil y el laurel, salar y cocer a fuego medio durante unos15 minutos.

- Cascar uno a uno los huevos en la cazuela sin que se rompa el interior; cocer hasta que la clara cuaje, moviendo la cazuela de tanto en tanto; añadir las sardinas y servir.

Almejas con aroma de ajo

Para 4 personas
Dificultad: baja
Tiempo: 1 hora

Ingredientes:

1 kg de almejas
1 cebolla
4 tomates maduros
4 dientes de ajo
1 limón y 1 guindilla
1 dl de vino blanco seco
1 cucharadita de pimentón dulce
1 ramita de perejil
1 dl de aceite de oliva,
pimienta y sal

Preparación:

- Lavar bien las almejas y colocarlas en una sartén tapada, a fuego vivo; pasarlas a una cazuela de barro a medida que se vayan abriendo; colar y reservar el agua que hayan soltado.

- Pelar y picar las cebollas, los tomates y los ajos; picar el perejil.

- Freír la cebolla; cuando empiece a dorarse, añadir el ajo y el tomate; cocer a fuego suave unos minutos.

- Exprimir el limón y añadir a la sartén junto con un trocito de guindilla y el pimentón; hervir unos minutos y añadir el agua de las almejas.

- Cuando la salsa comience a hervir, verterla en la cazuela de las almejas; cocer suave 8 minutos; salpimentar, espolvorear con perejil y servir.

Atún en ajada de escabeche

Para 4 personas
Dificultad: baja
Tiempo: 1 hora
(más el tiempo de maceración)

Ingredientes:

600 g de atún
1 cebolla grande
3 cebollitas
1 cabeza de ajo
2 zanahorias
2 dl de vinagre
2 dl de aceite de oliva
2 dl de vino blanco seco
1 ramito de hierbas (romero, tomillo)
1 ramita de perejil
1 hoja de laurel
1 cucharada de pimentón dulce
harina y sal

Preparación:

- Quitar las espinas al atún y cortarlo en 4 filetes; ponerlo en una cazuela de barro cubierto con agua; añadir las hierbas, el laurel, el perejil y la cabeza de ajo desgranada, reservando 3 dientes; dejar macerar 8 horas.

- Pelar y trocear la cebolla grande; pelar los dientes de ajo y las cebollitas, dejándolos enteros; raspar y trocear finamente las zanahorias.

- Dar un hervor al atún en su caldo de maceración; quitar los filetes de atún, los ajos y las hierbas, escurrir el caldo y agregar el aceite; calentarlo.

- Enharinar los filetes de atún y freírlos; retirarlos.

- En la misma cazuela sofreír la cebolla, las cebollitas y los dientes de ajo; añadir las hierbas de la maceración y las zanahorias.

- Incorporar el vino, el vinagre y el pimentón y remover; cocer a fuego suave unos 15 minutos; añadir el atún, cocer unos 2 minutos y servir.

Lenguado en marinada de ajos

Ajada de anchoas

Para 4 personas
Dificultad: baja
Tiempo: 40 minutos

Ingredientes:

800 g de anchoas
500 g de patatas
1 cabeza de ajos y 4 dientes
1 cebolla
5 tomates maduros
5 rebanadas de pan
1 cucharada de harina
1 ramita de perejil
10 almendras tostadas
1 cucharada de harina
pimienta
sal

Preparación:

- Limpiar y salpimentar las anchoas;
  pelar y picar la cebolla; despepitar
  y picar finos los tomates; pelar
  y cortar en rodajas las patatas; pelar
  los dientes de ajo.

- Calentar el aceite en una cazuela y
  freír 4 rebanadas de pan; retirarlas y
  reservar.

- Sofreír en el mismo aceite la
  cebolla, la cabeza de ajos y los
  tomates; agregar un poco de agua,
  las patatas y cocer a fuego suave.

- A media cocción añadir las anchoas
  y seguir cociendo.

- Majar en un mortero el pan restante,
  los dientes de ajo, las almendras y el
  perejil hasta lograr una pasta fina;
  añadir la harina y un poco de caldo
  de cocción y ligar; incorporar esta
  mezcla a la cazuela, comprobar el
  punto de sal y servir con las
  rebanadas de pan frito.

CONSEJO PRÁCTICO

El aceite hirviendo no salpica si se
espolvorea un poco de harina.

Salteado de cigalas con salsa de ajo

Para 4 personas
Dificultad: media
Tiempo: 30 minutos

Ingredientes:

400 g de cigalas pequeñas
1 cabeza de ajos
1 cebolla
1 ramita de perejil
1 cucharadita de fécula de maíz
12 cucharadas de aceite de oliva
1 pastilla de caldo de ave
pimienta y sal

Preparación:

- Pelar las cigalas dejándoles la cola;
  salpimentarlas y reservar.

- Pelar y picar fina la cebolla;
  desgranar la cabeza de ajos y pelar y
  picar un diente; picar muy fino el
  perejil.

- Disolver la pastilla de caldo en una
  taza de agua templada.

- Calentar la mitad del aceite en una
  sartén y sofreír los dientes de ajo sin
  pelar con la cebolla picada; cuando
  ésta se dore, añadir la fécula de
  maíz y unas 10 cucharadas de
  caldo; dejar reducir a la mitad.

- Colar la salsa de ajo, rectificar la
  sazón de sal y añadir la mitad del
  perejil picado.

- Calentar en otra sartén el resto del
  aceite y saltear las cigalitas junto
  con el ajo picado y lo que queda del
  perejil.

- Servir las cigalitas rociadas con la
  salsa de ajo.

CONSEJO PRÁCTICO

Para comprobar si las cigalas son frescas
hay que fijarse si tienen los ojos bien
negros y su caparazón rosado brillante.

Lenguado en marinada de ajos

Para 4 personas
Dificultad: baja
Tiempo: 25 minutos
(más el tiempo de marinado)

Ingredientes:

4 lenguados medianos
4 dientes de ajo
2 huevos
4 dl de aceite de oliva
pan rallado
pimienta negra en grano y sal

Preparación:

- Vaciar y lavar los lenguados;
  secarlos.

- Pelar y majar en un mortero los ajos
  junto con unos 8 granos de pimienta
  negra y sal.

- Colocar en un recipiente un poco
  de aceite; añadir y mezclar la pasta
  de ajos e incorporar los lenguados;
  dejar marinar en la nevera unas
  2 horas.

- Batir los huevos.

- Escurrir los lenguados, pasarlos por
  el huevo batido primero y después
  por el pan rallado.

- Calentar el resto del aceite en una
  sartén y freír los lenguados
  empanados.

- Servir.

CONSEJO PRÁCTICO

Este plato se puede adornar con unas
rodajitas de limón y un par de hojas de
lechuga o con tomates pequeños partidos
por la mitad.

Mejillones en escabeche de ajos

Anguilas con salsa de ajos

Para 4 personas
Dificultad: media
Tiempo: 1 hora y 30 minutos

Ingredientes:

2 anguilas medianas (1,5 kg en total)
5 dientes de ajo
60 g de almendras tostadas
1 cucharada de piñones
1 cucharada de pimentón dulce
1 ramita de perejil
1 guindilla
2 dl de aceite de oliva
azafrán en hebras
pimienta y sal

Preparación:

- Quitar la piel, limpiar y cortar en trozos las anguilas; salpimentarlos.

- Pelar los ajos y majarlos en el mortero junto con unas hebras de azafrán ligeramente tostadas, el perejil, la mitad de la guindilla, las almendras y los piñones hasta conseguir una pasta fina.

- Calentar en una olla algo menos de 1 litro de agua y reservarla.

- Calentar el aceite en una cazuela; añadir el pimentón, remover, verterle el agua caliente y hervir durante 1 o 2 minutos; agregar las anguilas, procurando que el líquido apenas las cubra; corregir la sazón de sal y continuar la cocción.

- Diluir la mezcla del mortero con caldo de cocción y añadirla a la cazuela; reducir a fuego suave y cocer unos 20 minutos; servir caliente.

Gambas al ajillo

Para 4 personas
Dificultad: baja
Tiempo: 15 minutos

Ingredientes:

500 g de gambas
3 dientes de ajo
1 guindilla
2 dl de aceite de oliva
sal

Preparación:

- Pelar las gambas, dejándoles las colas enteras.

- Pelar y picar los ajos; cortar en rodajitas media guindilla.

- Calentar el aceite en una cazuela de barro y dorar los ajos.

- Añadir las rodajitas de guindilla y las gambas; salar y cocer durante unos 2 o 3 minutos sin dejar de mover la cazuela.

- Calentar 4 cazuelitas individuales y servir en ellas las gambas con su aceite.

Mejillones en escabeche de ajos

Para 4 personas
Dificultad: baja
Tiempo: 40 minutos (más el tiempo de marinado)

Ingredientes:

3 kg de mejillones
1 cabeza de ajos
6 hojas de laurel
1 ramita de tomillo
1 cucharadita de orégano
1 cucharadita de pimentón dulce
4 dl de vino blanco seco
4 dl de vinagre
1/2 litro de aceite de oliva
clavo
pimienta negra en grano
sal

Preparación:

- Raspar y lavar los mejillones; ponerlos en una sartén con el vino y cocerlos hasta que se abran; quitarles la concha y ponerlos en una cazuela; colar y reservar el caldo de cocción.

- Pelar los ajos.

- Calentar el aceite en una sartén y dorar los ajos; retirarlos.

- Dejar enfriar un poco el aceite; volver al fuego suave y añadir el pimentón, el tomillo, el laurel, el orégano, unos 8 clavos, el doble de granos de pimienta, salar y cocer unos minutos; agregar el vinagre y el caldo de cocción de los mejillones y cocer unos 5 minutos antes de pasar esta salsa a la cazuela de los mejillones.

- Cocer los mejillones durante 10 minutos; retirar del fuego y dejar enfriar; poner la cazuela en la nevera un par de horas antes de servir.

Langostinos al ajo

Bacalao al estilo de Santander

Para 4 personas
Dificultad: baja
Tiempo: 40 minutos

Ingredientes:
600 g de bacalao fresco
6 dientes de ajo
2 huevos
1 ramita de perejil
1 cucharada de pimentón dulce
1 cucharada de vinagre de vino
1 dl de aceite de oliva
pimienta
sal

Preparación:

- Colocar el bacalao en una olla con agua al fuego y retirarlo cuando forme una espuma blanca; escurrirlo, secarlo con un paño, quitarle las espinas y desmigarlo.

- Pelar los ajos dejándolos enteros; picar muy fino el perejil.

- Calentar el aceite en una cazuela y dorar los dientes de ajo; añadir el bacalao, remover, salpimentar y tapar la cazuela; cocer a fuego suave unos 20 minutos.

- Diluir el pimentón en el vinagre y añadirlo a la cazuela a media cocción.

- Batir los huevos en un cazo e incorporarlos a la cazuela poco antes de retirarla del fuego.

- Espolvorear con perejil y servir.

Merluza con patatas y ajonuez almendrado

Para 4 personas
Dificultad: media
Tiempo: 2 horas

Ingredientes:
1 merluza de unos 2 kg
500 g de patatas
2 cebollas
2 dientes de ajo
10 almendras tostadas
1 ramita de tomillo
1 hoja de laurel
nuez moscada
azafrán
clavo, pimienta en grano y sal

Preparación:

- Limpiar la merluza; quitarle la cabeza, la cola y las espinas y cortarla en filetes.

- Pelar y trocear grande la cebolla; pelar y cortar en rodajas las patatas; pelar los dientes de ajo.

- Calentar en una olla algo más de 1 litro de agua ligeramente salada y preparar un caldo con la cabeza, la cola y las espinas de la merluza, la cebolla, el tomillo y el laurel; cocer durante 45 minutos a fuego suave.

- Majar en un mortero los dientes de ajo con ralladura de nuez; añadir las almendras, unas hebras de azafrán, una pizca de clavo y unos cuantos granos de pimienta; trabajar hasta lograr una pasta fina y añadir un poquito de caldo; diluir y reservar.

- Agregar al caldo las patatas y dejar hervir otros 15 minutos.

- Colocar los filetes de merluza en una cazuela y cubrirla apenas con el caldo; añadir las patatas, el ajonuez almendrado y corregir la sazón.

- Cocer a fuego suave unos 10 minutos y servir en la misma cazuela.

Langostinos al ajo

Para 4 personas
Dificultad: baja
Tiempo: 20 minutos

Ingredientes:
600 g de langostinos
6 dientes de ajo
1 cebolla grande
2 ramitas de perejil
1 dl de vino
pimienta
sal

Preparación:

- Pelar y cortar la cebolla muy fina; picar muy fino el perejil.

- Calentar el aceite en una cazuela de barro y sofreír la cebolla hasta que empiece a dorarse; añadir el perejil y los langostinos y sofreír unos minutos.

- Pelar y majar los ajos en un mortero hasta que formen una pasta fina; desleír con el vino y remover.

- Añadir la ajada a la cazuela, salpimentar y mezclar; hervir a fuego fuerte y servir.

Sepia levantina

PLANCHA Y BARBACOA

Salsa para pescado a la parrilla o a la plancha

Para 6 personas
Dificultad: baja
Tiempo: 15 minutos

Ingredientes:
1 cebolla
2 cucharadas de salsa de tomate
1 clavo de especia
1 diente de ajo
1 vasito de vino blanco
3 cucharadas de aceite
1 ramito de perejil
laurel
tomillo
pimienta
sal

Preparación:

• Poner todos los ingredientes en la batidora.

• Trabajar hasta que todos estén perfectamente triturados y la salsa ligada.

Atún en «papillote»

Para 6 personas
Dificultad: baja
Tiempo: 45 minutos

Ingredientes:
6 filetes de atún fresco
150 g de mantequilla
1 zanahoria
6 champiñones
1 ramita de apio
1 cebolla mediana
sal
estragón
aceite para la plancha

Preparación:

• Untar la plancha con aceite.

• Sazonar los filetes de atún con sal y estragón.

• Cuando esté caliente la plancha, dar una vuelta por los dos lados al atún. Sacar y reservar.

• Cortar muy finamente la cebolla, la zanahoria, el apio y los champiñones.

• Rehogarlos con una cucharada de mantequilla a fuego suavísimo hasta que las verduras estén tiernas; sazonar con sal (no deben tomar color).

• Repartir las verduras sobre 6 rectángulos de papel de aluminio.

• Poner encima los filetes de atún y un trocito de mantequilla.

• Envolverlos perfectamente.

• Cocer a horno medio o de nuevo sobre la plancha (previamente encendido a fuego suave) durante 20 minutos.

• Colocar sobre una fuente, abrir los papeles y servir caliente.

Sepia levantina

Para 6 personas
Dificultad: baja
Tiempo: 30 minutos

Ingredientes:
6 sepias de ración
2 dientes de ajo
2 cucharadas de perejil picado
aceite
el zumo de 1/2 limón
1 lechuga

Preparación:

• Untar las sepias con aceite y picar el ajo.

• Espolvorearlas con el ajo y perejil también picado.

• Ponerlas a la plancha durante 8 minutos, aproximadamente.

• Dar la vuelta a media cocción y, en el último minuto, verter el zumo del limón.

• Poner las sepias en una fuente y volcar sobre ellas el jugo de la cocción.

• Servir calientes, acompañadas de una ensalada de lechuga muy picada.

Mero con salsa de mantequilla

Lubina a la parrilla con mantequilla

Para 6 personas
Dificultad: baja
Tiempo: 30 minutos

Ingredientes:

1 kg de lubinas
50 g de mantequilla
1 cucharada de perejil picado
1 cebolla
sal
pimienta blanca
harina
1 limón

Preparación:

- Mezclar la mantequilla blanda con el perejil picado muy menudo y la cebolla triturada. Salpimentar.

- Formar un rollo con esta mezcla y guardarlo envuelto en papel de aluminio en la nevera.

- Mientras tanto, lavar y limpiar el pescado, quitándole las escamas; enharinar y colocarlo sobre la parrilla bien caliente.

- Asar durante 7 minutos por cada lado.

- Sazonar con sal en la misma parrilla al dar la vuelta al pescado.

- Colocar las lubinas en una fuente adornadas con rodajas de limón y el preparado de mantequilla cortado en lonchas sobre el limón.

- Servir caliente.

Caballas con mostaza

Para 6 personas
Dificultad: baja
Tiempo: 30 minutos

Ingredientes:

6 caballas de ración
mostaza, sal, pimienta y aceite
500 g de patatas
1 ramo de perejil

Preparación:

- Hervir las patatas peladas y reservar.

- Limpiar las caballas, salpimentar, untar con aceite e introducir un poco de mostaza en la tripa.

- Calentar la parrilla y asar las caballas 5 minutos por cada lado.

- Servirlas calientes, adornadas con las patatas hervidas, el perejil picado y la mostaza.

Parrillada de pescados

Para 6 personas
Dificultad: baja
Tiempo: 45 minutos y 1 hora de adobo

Ingredientes:

1 kg de pescados variados (lubina, rodaballo, gallos, salmonetes grandes...)
1 taza de aceite
1 ramillete de hierbas aromáticas
pimienta y sal

Preparación:

- Limpiar los pescados y tenerlos durante 1 hora en un adobo de aceite, sal y pimienta.

- Meter un ramillete de hierbas aromáticas (perejil, tomillo, laurel, etc.) en cada uno de los peces y asarlos en la parrilla, rociándolos constantemente con el adobo.

- El tiempo de parrilla depende del tamaño del pescado; a partir de 10 minutos (los pequeños), hasta 40 minutos (los grandes).

Mero con salsa de mantequilla

Para 6 personas
Dificultad: baja
Tiempo: 30 minutos

Ingredientes:

12 filetes de mero
sal
pan rallado
aceite para la parrilla
40 g de mantequilla
1 cucharada de perejil picado
1 diente de ajo
el zumo de 1 limón

Preparación:

- Formar una pasta con la mantequilla, el perejil y el diente de ajo muy picado.

- Poner en un puchero y reservar.

- Sazonar con sal los filetes de mero y rebozarlos en pan rallado.

- Calentar la parrilla y asar los filetes durante 2 minutos por cada lado.

- Acercar la pasta de mantequilla al fuego, añadir el zumo de limón y dar un hervor moviendo con una cuchara de palo.

- Poner el mero en una fuente y verter sobre él la salsa muy caliente.

- Servir al momento.

Truchas con almendras

Calamares al ajo con ensalada

Para 6 personas
Dificultad: baja
Tiempo: 30 minutos

Ingredientes:

6 calamares de ración
3 dientes de ajo
500 g de tomates de ensalada

Salsa:

2 huevos
1/2 litro de aceite
1 limón
1 diente de ajo
sal

Preparación:

- Preparar una mayonesa con las dos yemas sin las claras, el aceite, el zumo de limón, la sal y el diente de ajo muy picado.

- Limpiar los calamares utilizando únicamente el cuerpo (las alas y los tentáculos pueden servir para un arroz).

- Dar dos cortes profundos en cada lomo y rellenarlos con los dientes de ajo muy picados.

- Untar la plancha con aceite y asar los calamares de 10 a 12 minutos.

- Servir calientes acompañados con la mayonesa y una ensalada de tomate.

Chicharro a la norteña

Para 6 personas
Dificultad: baja
Tiempo: 30 minutos

Ingredientes:

1 chicharro de 500 g
6 cucharadas de aceite
1 diente de ajo
1 cucharadita de vinagre y sal

Preparación:

- Limpiar el chicharro y sazonar.

- Untar la parrilla con aceite y asar el pescado durante 15 minutos, aproximadamente.

- Dar la vuelta a mitad de la cocción.

- Colocar el chicharro en una fuente, abrirlo y quitar la espina.

- Freír en el aceite el diente de ajo cortado en láminas.

- Retirar del fuego, añadir el vinagre y verter sobre el pescado.

- Servir muy caliente.

Salmonetes con limón

Para 6 personas
Dificultad: baja
Tiempo: 30 minutos

Ingredientes:

1,5 kg de salmonetes
30 g de mantequilla
1 limón
1 rama de perejil, pimienta y sal

Preparación:

- Limpiar los salmonetes. Sazonar con sal y pimienta.

- Untarlos con mantequilla o aceite y asarlos en la parrilla durante 15 minutos, aproximadamente.

- Dar la vuelta a los salmonetes a mitad de la cocción.

- Espolvorear con perejil y rociar con el zumo de limón en el último momento.

- Servir caliente.

Truchas con almendras

Para 6 personas
Dificultad: baja
Tiempo: 30 minutos

Ingredientes:

6 truchas
50 g de mantequilla
50 g de almendras crudas
2 limones
sal

Preparación:

- Limpiar las truchas, sazonar con sal y untarlas con la mitad de la mantequilla derretida.

- Poner la plancha a calentar y asar las truchas durante 7 minutos por cada lado (depende del tamaño).

- Mientras se asan las truchas cortar las almendras en filetes.

- Rehogarlas con mantequilla hasta que se doren.

- Añadir el zumo de dos limones.

- Sacar las truchas y ponerlas en una fuente y cubrirlas con las almendras.

- Servir calientes acompañadas de patatas hervidas.

Aguacates con gambas

Bacalao con salsa tártara

Para 6 personas
Dificultad: baja
Tiempo: 30 minutos

Ingredientes:
900 g de bacalao salado
3 huevos
150 g de pan rallado
3 cucharadas de aceite
pimienta molida

Preparación:

- Tener en remojo el bacalao desde la víspera.

- Cortar el bacalao en 6 porciones y escurrirlo bien.

- Sazonar con un poco de pimienta y rebozar con el huevo y el pan rallado.

- Untar la parrilla con aceite y asar el bacalao durante 10 minutos (5 por cada lado).

- Servir con salsa tártara y una buena ensalada.

Mejillones braseados

Para 6 personas
Dificultad: baja
Tiempo: 20 minutos

Ingredientes:
1,5 kg de mejillones
1 limón

Preparación:

- Limpiar los mejillones, escurrirlos y colocarlos sobre la plancha bien caliente.

- Retirar según se van abriendo.

- Colocarlos en una fuente y rociar con zumo de limón.

Aguacates con gambas

Para 6 personas
Dificultad: baja
Tiempo: 30 minutos

Ingredientes:
6 aguacates
60 gambas o 20 carabineros grandes
250 g de nata
salsa Worcester
pimienta de Cayena
pimienta
sal

Preparación:

- Cortar los aguacates en 2, en sentido longitudinal; quitarles el hueso y recoger la pulpa con una cucharita, con cuidado no sólo de no romper la corteza, sino también de no rasparla demasiado, para que mantenga cierta rigidez.

- Aplastar con el tenedor la pulpa de los aguacates y mezclarla inmediatamente con 3 cucharaditas de salsa Worcester y la nata fresca; mezclar bien todo.

- Sazonar con sal, pimienta y una pizca de cayena.

- Picar los mariscos.

- Rellenar los aguacates con su pulpa aromatizada, disponer los mariscos sobre ellos y conservar en frío hasta el momento de servir.

CONSEJO PRÁCTICO

Al asar el bacalao rociarlo de vez en cuando con unas gotas de aceite para que resulte más jugoso, ya que este pescado absorbe mucha grasa. Para hacer la salsa tártara, se necesita un tazón de mayonesa, un diente de ajo, tres o cuatro pepinillos, una cucharadita de alcaparras, una cucharadita de perejil picado. Luego, picar los ajos y pepinillos, poner la mayonesa en un bol, añadir todos los ingredientes y mezclar bien.

CONSEJO PRÁCTICO

Si se hacen a la parrilla con fuego al aire libre, echar un poco de tomillo y romero a las brasas. Da muy buen sabor. Esto mismo puede hacerse con almejas, chochas o cualquier molusco. Si se hacen en una plancha casera, puede untarse la plancha con aceite, añadir un diente de ajo picado y medio zumo de limón. Una vez puestos los mejillones en la fuente, verter sobre ellos el contenido de la plancha.

CONSEJO PRÁCTICO

Para este plato conviene comprar los mariscos ya cocidos. Puede reservar algunos de ellos para adornar.

Almejas a la marinera

Pulpo a la gallega

Para 6 personas
Dificultad: alta
Tiempo: 2 horas

Ingredientes:

1 kg de pulpo
1 cebolla grande
2 dientes de ajo
10 cucharadas de aceite
1 cucharadita de pimentón picante
1 cucharadita de harina
5 cucharadas de vino blanco
perejil
laurel
1 manojo de hierbas aromáticas
pimienta
sal

Preparación:

- Limpiar bien el pulpo y cortarlo en trozos.
- Ponerlo en una cacerola con agua, cocerlo durante 5 minutos, sacarlo y lavarlo en varias aguas.
- Ponerlo de nuevo en la cacerola con 1 litro de agua, sal y las hierbas aromáticas. Terminarlo de cocer.
- Calentar el aceite en una cacerola de barro, echar la cebolla y ajo picaditos y 1 hoja de laurel.
- Rehogar hasta que se ponga transparente la cebolla, añadir el pimentón y la harina, agregar el vino y unir el pulpo escurrido y tierno.
- Sazonar con sal y pimienta y cocer hasta que se consuma el vino.
- Regar con 2,5 dl de agua y continuar la cocción hasta que la salsa esté espesa.
- Servir en la misma cazuela.

CONSEJO PRÁCTICO

Se puede hacer con pulpo congelado, que viene ya cocido.

Calamares en su tinta

Para 4 a 6 personas
Dificultad: media
Tiempo: 2 horas

Ingredientes:

1,5 kg de calamares
2 cebollas
1 tomate
2 dientes de ajo
10 cucharadas de aceite
1 cucharada de harina
perejil
sal

Guarnición:

300 g de arroz blanco

Preparación:

- Limpiar los calamares: quitarles los tentáculos, la pluma, los intestinos y el saquito de la tinta; reservar ésta.
- Partir en trocitos los tentáculos y los calamares. Lavarlos en agua fría.
- Calentar el aceite en una cacerola de barro. Rehogar las cebollas picadas durante 2 o 3 minutos.
- Añadir el tomate pelado, picado y sin semillas.
- Continuar rehogando otros 3 minutos más e incorporar los calamares.
- Machacar los ajos con un poco de perejil y agregarlos a la cazuela.
- Cocer todo a fuego lento hasta que los calamares estén tiernos.
- Sazonar con sal y añadir la tinta colocada en un colador fino y presionándola con la mano del almirez.
- Tostar la harina en una sartén y echarla a los calamares.
- Remover bien y dar un hervor a fuego lento para que no se pegue.
- Servir con moldes de arroz blanco en fuente aparte.

CONSEJO PRÁCTICO

Para este plato son preferibles los calamares pequeños y finos, que se pueden presentar enteros, con los tentáculos enrollados en su interior.

Almejas a la marinera

Para 6 personas
Dificultad: baja
Tiempo: 20 minutos

Ingredientes:

1,5 kg de almejas
10 cucharadas de aceite
1 cebolla pequeña
2 dientes de ajo
1 cucharada de salsa de tomate
1 cucharada de harina
5 cucharadas de vino blanco
2,5 dl de caldo de pescado
perejil
sal

Preparación:

- Lavar bien las almejas y dejarlas escurrir en un colador.
- Calentar el aceite y rehogar en él una cucharada de cebolla picada y los ajos también picados.
- Agregar las almejas y después la harina.
- Remover y añadir el tomate. Salpimentar.
- Continuar rehogando a fuego vivo.
- Regar con el vino.
- Cocer tapado 5 minutos.
- Pasado este tiempo, incorporar el caldo hirviendo, bajar el fuego y cocer 5 minutos más.
- Comprobar el punto de sal y rectificar si es necesario. Servir.

CONSEJO PRÁCTICO

Puede hacerse el plato empleando chirlas o chochas en vez de almejas.

Cóctel de gambas

Cangrejos con caldo

Para 6 personas
Dificultad: baja
Tiempo: 20 minutos

Ingredientes:

6 cangrejos vivos de 250 g
vino blanco seco
brandy
3 zanahorias
1 cebolla
1 hoja de laurel
perejil
pimienta en grano
pimienta de Cayena

Preparación:

- Preparar un caldo corto con las zanahorias, cebolla, laurel, pimienta en grano, sal y pimienta de Cayena.

- Añadir 1 vaso grande lleno a partes iguales de agua y vino blanco seco, hacerlo hervir y dejar al fuego unos 20 minutos antes de sumergir allí los cangrejos vivos, cocerlos durante 11 minutos, dejarlos enfriar con el caldo.

- Servir acompañados del caldo colado a través de un lienzo, mezclado con un chorrito de brandy.

Caldereta de ostras

Para 6 personas
Dificultad: media
Tiempo: 1 hora

Ingredientes:

4 docenas de ostras (según tamaño)
1 anguila pequeña
75 g de zanahorias
75 g de cebollas
75 g de puerros blancos
1 ramillete de hierbas (tomillo, laurel, perejil)
150 g de champiñones
1 vasito de sidra y 2 huevos
mantequilla, vinagre y harina
6 rebanadas de pan duro
pimienta y sal

Preparación:

- Picar las zanahorias, cebollas, puerros, perejil, tomillo y laurel.

- Saltearlo todo con 2 cucharadas de mantequilla. Regar con la sidra y sazonar con sal y pimienta.

- En este tiempo preparar la anguila, cortarla en trozos y meterla en la salsa que se acaba de hacer.

- Cocer 30 minutos a fuego lento.

- Mientras, limpiar los champiñones, cortarlos en rodajas gruesas y ponerlos en un poco de agua ligeramente avinagrada.

- Abrir las ostras.No perder su agua.

- Ponerlas aparte, lo mismo que su agua colada por un paño fino.

- Saltear con mantequilla el pan.

- Unos 10 minutos antes del final de la cocción de la anguila añadir los champiñones a la cacerola.

- Espolvorearlo con 1 cucharadita de harina para espesar la salsa.

- En el último momento aligerarla con agua de las ostras, un poco de mantequilla y con 1 yema de huevo.

- Introducir las ostras durante 2 minutos.

- Poner las rebanadas de pan frito en una fuente caliente, encima las ostras, la anguila y los champiñones.

- Regarlo todo con abundante salsa.

Cóctel de gambas

Para 6 personas
Dificultad: baja
Tiempo: 30 minutos

Ingredientes:

350 g de gambas grandes o langostinos
algunas hojas de lechuga

Salsa:
2 yemas de huevos duros
2 yemas de huevos crudos
1 yogur natural
mostaza
limón
salsa ketchup
salsa Worcester
pimienta y sal

Preparación:

- Preparar la salsa: aplastar las yemas de los huevos duros con el tenedor, mezclarlas con las de los huevos crudos, batir e ir añadiendo poco a poco el yogur, la sal, la pimienta y una cucharadita de zumo de limón.

- Sazonar con un poco de salsa Worcester, 1 o 2 cucharadas de salsa ketchup y 1 cucharadita de mostaza.

- Pelar las gambas, apartar las colas más hermosas, mezclar las demás con la salsa.

- Poner en cada copa o cuenco 1 o 2 hojas de lechuga picada en trozos grandes, echar encima la mezcla de salsa y gambas, disponer las colas reservadas por encima y servir bien fresco.

CONSEJO PRÁCTICO

La receta sirve para toda clase de cangrejos, variando según tamaño el tiempo de cocción.

CONSEJO PRÁCTICO

Puede usarse pan de molde. Servir muy caliente. Es importante limpiar perfectamente la anguila.

CONSEJO PRÁCTICO

Esta salsa es una «mayonesa de bajas calorías». Quien lo prefiera puede preparar una mayonesa tradicional

Calamares rellenos

Vieiras a la gallega

Para 6 personas
Dificultad: baja
Tiempo: 45 minutos

Ingredientes:
12 vieiras
3 dl de aceite
140 g de cebolla
50 g de jamón
50 g de miga de pan fresco
6 dientes de ajo
perejil
sal

Preparación:

- Rehogar en 2 dl de aceite la cebolla picada y el jamón en cuadraditos.

- Cuando esté rehogado, añadir los recortes de los bordes de las vieiras, picados, así como las vieiras, ya despegadas de su concha.

- Espolvorearlo todo con la miga de pan fresco desmenuzada, perejil y los ajos picaditos.

- Echar por encima 1 dl de aceite e introducir en el horno para que se dore.

- Volver a colocar cada vieira en su concha, en la parte honda, con un poco de salsa.

- Introducir de nuevo en el horno unos minutos.

Conchas de mejillones

Para 6 personas
Dificultad: media
Tiempo: 1 hora

Ingredientes:
1 kg de mejillones
2 cucharadas de mantequilla
2 cucharadas de harina
1 taza de caldo de cocer los mejillones
1 taza de leche y 1 yema
50 g de queso rallado
1 vasito de jerez
pimentón (opción), pimienta y sal

Preparación:

- Limpiar bien los mejillones. Cocerlos con un poco de agua hasta que se abran.

- Sacarlos de las conchas, trocearlos si son grandes y reservar el agua.

- Hacer una bechamel con la leche, el caldo de cocer los mejillones, la harina y la mantequilla.

- Añadir el jerez y el queso rallado.

- Sazonar con sal y pimienta.

- Cocer durante 5 minutos sin parar de revolver.

- Incorporar los mejillones y, fuera del fuego, la yema desleída en 1 cucharada de leche fría.

- Servir en conchas de vieiras, que pueden espolvorearse con un poco de pimentón.

Calamares rellenos

Para 6 personas
Dificultad: media
Tiempo: 1 hora y 30 minutos

Ingredientes:
12 calamares medianos (o más cantidad si son pequeños)
100 g de jamón
3 cucharadas de pan rallado
2 huevos cocidos
15 cucharadas de aceite
1 cebolla
1 cucharada de harina
1 1/2 vasos de vino blanco
perejil
pimienta
sal

Preparación:

- Limpiar los calamares: quitarles los tentáculos, la pluma y los intestinos, separar las aletas.

- Pasar por la máquina de picar los tentáculos, las aletas y el jamón.

- Añadir al picadillo los huevos duros en trocitos, el pan rallado, un poco de perejil picado, 1 cucharada de vino blanco.

- Sofreír la cebolla bien picada en 2 cucharadas de aceite.

- Incorporar al picadillo. Mezclar bien y sazonar con sal y pimienta.

- Rellenar los calamares con esta mezcla y cerrarlos con un palillo.

- Untar con aceite una cazuela de barro, introducir los calamares, calentar hasta que hayan adquirido color, incorporar la harina, remover y regar con el vino y un vaso de agua.

- Rectificar de sal y pimienta.

- Dejar cocer durante 30 minutos a fuego suave hasta que estén tiernos.

- Retirar los palillos y servir.

Langosta con mayonesa

Conchas de gambas con pepino

Para 6 personas
Dificultad: baja
Tiempo: 1 hora

Ingredientes:
200 g de gambas cocidas y peladas
3 pepinos pequeños
200 g de champiñones
75 g de mantequilla
1 cucharada de harina
100 g de nata líquida
6 cucharadas de caldo
pimienta
sal

Preparación:

- Lavar los pepinos y, sin pelar, cortarlos en cuadraditos menudos, cocerlos en agua ligeramente salada durante 5 minutos, escurrirlos, y pasarlos por el chorro del agua fría.
- Limpiar los champiñones y cortarlos en lonchas.
- Derretir la mantequilla en una cacerola, saltear los champiñones durante 5 minutos, agregar el pepino, continuar rehogando 3 o 4 minutos más, espolvorear con la harina, regar con el caldo y la nata líquida sin dejar de remover, hasta obtener una salsa cremosa.
- Añadir entonces las gambas, dar un hervor y distribuir el preparado en conchas de vieiras, cazuelitas individuales o sobre tostadas de pan.
- Servir bien caliente.

Entremeses de verano

Para 6 personas
Dificultad: baja
Tiempo: 1 hora

Ingredientes:
6 tomates medianos maduros
125 g de gambas cocidas y peladas
mayonesa
aceitunas negras
1 lata de 500 g de fondos de alcachofas
100 g de jamón
100 g de champiñones
1 limón
perejil
mantequilla
sal

Preparación:

- Preparar los tomates: quitar una tapa a cada uno y vaciarlos con sumo cuidado; sazonarlos con sal.
- Mezclar las gambas con 6 cucharadas de mayonesa y rellenar con esta mezcla los tomates.
- Adornar con un trocito de aceituna negra.
- Preparar las alcachofas: escurrir el contenido de la lata de fondos de alcachofas.
- Picar finamente el jamón.
- Rehogar en una cucharada de mantequilla los champiñones fileteados con un poco de zumo de limón.
- Mezclar con el jamón.
- Rellenar los fondos de alcachofas (cocidas en agua) con esta preparación y espolvorear con perejil picado.
- Disponer los tomates rellenos sobre hojas de lechuga y colocar entre ellos los fondos de alcachofas.

Langosta con mayonesa

Para 6 personas
Dificultad: baja
Tiempo: 1 hora

Ingredientes:
3 langostas vivas de 500 a 600 g o 1 langosta de 2 kg (o más)
2,5 dl de vinagre
1 hoja de laurel
1/2 litro de mayonesa
100 g de sal

Preparación:

- Poner en un puchero grande 3 litros de agua con el vinagre, sal y laurel.
- Cuando rompa a hervir, introducir las langostas a la vez (o la langosta grande).
- Cocer a fuego vivo durante 12 minutos si son pequeñas y 20 minutos si es grande (si se quisiera hacer una langosta de 3 kg, cocer 22 minutos).
- Contar el tiempo desde el momento en que se introducen en el agua.
- Servir cortadas por la mitad, a lo largo, si son pequeñas.
- Si son grandes, hacer medallones con la cola y trocear la cabeza, primero a lo largo, por la mitad, y luego en 3 o 4 trozos cada una de las partes.
- Acompañar con la mayonesa y, si lo desea, con tomates maduros partidos por la mitad.
- Puede mejorar la presentación recomponiendo la forma primitiva de la langosta en la fuente, sobre un lecho de lechuga cortada en juliana.

Paté de mariscos

Nécoras rellenas

Para 6 personas
Dificultad: media
Tiempo: 45 minutos

Ingredientes:

6 nécoras
2 huevos
mostaza fuerte
aceite
menta fresca
1 pimiento rojo
pimienta de Cayena
1 limón

Preparación:

- Meter las nécoras vivas en abundante agua hirviendo con sal, dejarlas cocer unos 20 minutos y esperar a que se enfríen en su caldo.

- Después, partirlas y sacar toda la carne, huevas y partes blandas.

- Mezclar 2 yemas de huevo con 1 1/2 cucharadas de mostaza fuerte, batir como una mayonesa añadiendo un hilillo de aceite, agregar unas hojas picadas de menta verde, pimienta de Cayena y 1 pimiento rojo pelado y picado.

- Regar con el zumo de 1 limón.

- Mezclar la carne de las nécoras con esta salsa y llenar con ella los caparazones, previamente limpios.

Salpicón de mariscos

Para 6 personas
Dificultad: baja
Tiempo: 1 hora

Ingredientes:

250 g de rape
250 g de merluza (puede ser congelada)
250 g de gambas
250 g de mejillones
langostinos para adornar
1 cebolla pequeña
1 pimiento morrón
1 pimiento verde pequeño
2 huevos duros
perejil
aceite y vinagre como para ensalada (doble de aceite que de vinagre)
pimienta
sal

Preparación:

- Cocidos y fríos todos los pescados y mariscos, partirlos en trocitos.

- Picar la cebolla, pimiento rojo, verde, perejil y huevos duros, todo muy menudo.

- Añadir el aceite, vinagre y sal a este picadillo y cubrir con él los pescados y mariscos.

- Presentar en fuente grande, adornado con los langostinos o algunas gambas grandes.

Paté de mariscos

Para 6 personas
Dificultad: alta
Tiempo: 2 horas, más el tiempo de nevera

Ingredientes:

250 g de gambas cocidas y peladas
1 kg de mejillones
1 nécora (grande)
4 zanahorias, más 4 para el adorno
2 nabos
250 g de guisantes
250 g de judías verdes
un puñado de aceitunas
1 limón y 3 huevos duros
gelatina, vinagre, pimienta y vino blanco
2 ramilletes de hierbas surtidas
1 lechuga

Mayonesa:

1 huevo, aceite, mostaza, pimienta y sal

Preparación:

- Cocer la nécora durante 20 minutos en agua hirviendo con sal, vinagre, pimienta y un ramillete de hierbas surtidas, dejarla enfriar un poco en su caldo y sacar la carne.

- Pelar las verduras, cortarlas en cuadraditos y ponerlas a cocer en agua con sal, por separado.

- Preparar la mayonesa.

- Mezclar la carne de la nécora, la verdura, un poco de mayonesa, 2 huevos duros picados en trozos grandes y las aceitunas sin hueso.

- Ponerlo en un molde rectangular y meterlo 2 horas en la nevera.

- En ese tiempo, preparar 1/2 litro de gelatina con un poco de caldo de la nécora (ni muy gruesa ni muy fina).

- Lavar, preparar y limpiar los mejillones y cocerlos en una cacerola con un poco de vino blanco y un ramillete de hierbas surtidas.

- Sacar el contenido del molde, rodearlo con una espesa capa de gelatina y adornarlo con los mejillones, las gambas, unas zanahorias y la mayonesa. Conservarlo al fresco hasta el momento de servirlo.

CONSEJO PRÁCTICO

Adornar la fuente con unas hojas de menta, perejil y hojas de lechuga. Servir fresco.

CONSEJO PRÁCTICO

Este plato admite todos los mariscos que se deseen.

CONSEJO PRÁCTICO

Atención a la gelatina que vaya a usarse, ya que, según las marcas, varían las cantidades y la preparación.

Bacalao riojano

Bacalao a la crema

Para 6 personas
Dificultad: baja
Tiempo: 1 hora

Ingredientes:

700 g de bacalao
1/2 litro de leche
1 limón
2 cucharadas de harina
1 cucharada de mantequilla
perejil picado

Preparación:

* Poner el bacalao en remojo
  24 horas; pasado este tiempo,
  limpiarlo de escamas y espinas,
  rebozarlo con harina y huevo, freírlo
  y ponerlo en una fuente de horno.

* Hacer con la mantequilla, harina y
  leche una bechamel. Sazonar, añadir
  el zumo de 1 limón y batir bien.
  Espolvorear con perejil picado.

* Verter la bechamel sobre el bacalao
  y dorar en el horno unos minutos.

* Puede rociarse con queso rallado,
  gratinando luego a horno fuerte 3
  minutos.

Merluza a la sidra

Para 6 personas
Dificultad: baja
Tiempo: 45 minutos

Ingredientes:

6 rodajas de merluza
12 langostinos
2,5 dl de sidra
150 g de jamón
1 cebolla (mediana)
harina
2 dientes de ajo
perejil
pimienta blanca
sal

Preparación:

* Cocer los langostinos y pelarlos.

* Sazonar las rodajas de merluza y
  pasarlas por harina.

* Calentar abundante aceite en una
  sartén y dorar la merluza.

* Dejarla escurrir sobre papel
  absorbente.

* Quitar aceite de la sartén hasta dejar
  unas 7 cucharadas.

* Freír en él, a fuego lento, la cebolla,
  los ajos y el jamón, todo bien
  picadito.

* Salpimentar y agregar las colas de
  los langostinos.

* Regar con la sidra y espolvorear de
  perejil picadito.

* Dar un hervor.

* Colocar las rodajas de merluza
  en una fuente de barro, echar por
  encima el contenido de la sartén
  y cocer todo junto a fuego suave
  durante 15 minutos.
  Comprobar la sal.

* Servir en la misma cazuela.

Bacalao riojano

Para 6 personas
Dificultad: media
Tiempo: 1 hora y 15 minutos

Ingredientes:

1,5 kg de bacalao bajo
15 cucharadas de aceite
3 dientes de ajo
15 cucharadas de vino blanco
12 pimientos morrones de lata
750 g de tomates
1 manojo de hierbas aromáticas
perejil

Preparación:

* Poner en remojo el bacalao durante
  24 horas. En este tiempo, cambiar el
  agua 2 o 3 veces.

* Cuando se vaya a guisar, introducir
  el bacalao en una cazuela de barro
  con las hierbas, el vino y 5
  cucharadas de aceite.

* Calentar tapado. Al empezar a hervir,
  retirarlo y esperar que se entibie.

* Sacar entonces los trozos de
  bacalao, limpiarlos de piel y espinas
  y desmenuzarlos en grueso.
  Reservar.

* Calentar en una sartén el resto del
  aceite, agregar los ajos picados y el
  tomate pelado y sin semillas.

* Dejar hacer a fuego suave durante
  10 minutos.

* Incorporar los pimientos cortados en
  tiras, mojar con un poco de caldo
  colado de cocer el bacalao, hervir
  5 minutos.

* En una cazuela de barro poner una
  capa de pimientos con tomate y otra
  de bacalao.

* Repetir las capas hasta terminar con
  una de pimientos con tomate.

* Añadir el resto del caldo de cocer el
  bacalao y, si es necesario, agregar
  un poco de agua, introducir la
  cazuela en el horno fuerte y cocer
  durante 30 minutos.

* Espolvorear con perejil picado y servir.

Lenguado meunière

Pescadilla al horno con champiñones

Para 6 personas
Dificultad: baja
Tiempo: 1 hora

Ingredientes:

12 pescadillas pequeñas
1 vaso de vino blanco
250 g de champiñones
1 diente de ajo
aceite
perejil
pan rallado
pimienta
sal

Preparación:

• Quitar la cabeza y la espina central a las pescadillas, lavarlas y secarlas con un paño, colocarlas en una fuente de horno, sazonar con sal y pimienta, espolvorear con pan rallado, rociar con un chorro de aceite frito previamente con 1 diente de ajo y el vino.

• Limpiar los champiñones, trocearlos y colocarlos sobre las pescadillas.

• Espolvorear la fuente con perejil e introducir en el horno caliente; cocer a fuego moderado hasta que se dore por encima, rociando de vez en cuando con su jugo.

• Servir enseguida.

Fondue de pescado

Para 4 a 6 personas
Dificultad: baja
Tiempo: 30 minutos más la maceración

Ingredientes:

18 filetes de pescado blanco
jugo de limón fresco
500 g de gambas congeladas
1 vaso de jerez
3/4 de litro de caldo de pescado
1 vasito de vino blanco
250 g de arroz, pimienta y sal

Escabeche:

1 1/2 cucharadas de chalote picado
1 vaso de vino blanco

Salsa:

1 taza de desayuno de mayonesa
1 cucharadita de salsa de chile
2 cucharaditas de zumo de limón fresco
2 gotas de salsa de Tabasco

Otra salsa:

1 taza de mayonesa
1 cucharada de mostaza
2 cucharadas de salsa ketchup

Preparación:

• Frotar los filetes con jugo de limón, espolvorearlos con sal, cortarlos en tiras largas, enrollarlos, colocarlos en un plato con el chalote cortado en el fondo, regar con el vaso de vino blanco y dejar macerar.

• Colocar las gambas en otro plato y rociarlas con el jerez.

• Dejar macerar también el mismo tiempo que el pescado (1 o 2 horas).

• Preparar las salsas.

• Sacar las gambas y el pescado, colar los jugos que han soltado y mezclarlos con el caldo de pescado.

• Añadir el vino y calentar.

• Verter el caldo hirviente en la «fondue» y colocarla en la mesa sobre el hornillo.

• Pinchar un rollo de pescado y una gamba en el tenedor y dejar cocer en el caldo de pescado 5 minutos.

• Servir con arroz blanco y las salsas.

Lenguado meunière

Para 6 personas
Dificultad: baja
Tiempo: 30 minutos

Ingredientes:

6 lenguados de ración
150 g de mantequilla
harina
2 limones
leche
perejil
pimienta y sal

Preparación:

• Quitar la piel y la cabeza a los lenguados, sazonarlos con sal, pimienta y zumo de limón.

• Ponerlos en una fuente y cubrirlos con leche al menos 30 minutos.

• Cuando se vayan a freír, sacarlos, escurrirlos y pasarlos por harina.

• Poner la mantequilla en una sartén y dorar los lenguados por los 2 lados a fuego vivo; disminuir el calor y dejar que se terminen de hacer por dentro 2 o 3 minutos más.

• Entre tanto, calentar una fuente e ir poniendo en ella el pescado frito.

• Mezclar la mantequilla sobrante con el zumo de un limón, espolvorear con 2 cucharaditas de perejil picado y verter sobre los lenguados.

• Adornar la fuente con rodajas de limón con perejil picado por encima.

Rape al ajoarriero

Pescadilla en salsa blanca

Para 6 personas
Dificultad: baja
Tiempo: 30 minutos

Ingredientes:

750 g de pescadilla en filetes
1/2 litro de leche
1 cebolla
un poco de pan rallado
pimienta y sal

Preparación:

- Poner la pescadilla en una fuente refractaria, sazonarla, cubrirla con la leche y añadir la cebolla partida en rodajas o picada.

- Echar 1 cucharadita pequeña de pan rallado para que espese y dejar cocer 10 minutos suavemente.

- Servir bien caliente.

Mero a la coruñesa

Para 6 personas
Dificultad: alta
Tiempo: 1 hora y 30 minutos

Ingredientes:

1,5 kg de mero en un trozo
1 cebolla
6 pimientos verdes grandes
1 cucharadita de pimentón
1 cucharadita de harina
1 vasito de vino blanco
100 g de mantequilla
2 cucharadas de vinagre
perejil
laurel y sal

Preparación:

- Asar los pimientos hasta que sea posible quitarles la piel, pelarlos, sacarles las pepitas, abrirlos y pasarlos por el grifo del agua. Reservar.

- Limpiar el pescado de piel y espinas, espolvorearlo con sal y envolverlo en los pimientos, a poder ser formando una sola pieza.

- Cocer los desperdicios del pescado en un poco de agua.

- Colocar el pescado envuelto en los pimientos en una fuente refractaria, regarlo con 50 g de mantequilla derretida, introducirlo en el horno caliente y asarlo durante 10 minutos.

- Mojar con el vino blanco y cocerlo 5 minutos más.

- Derretir en una sartén 50 g de mantequilla, echar la cebolla y perejil picados y una hoja de laurel.

- Rehogar y añadir el pimentón y la harina, revolver bien, agregar el vinagre y un tazón de caldo de pescado, salar y cocer hasta que la salsa se espese, pasar por el chino y cubrir con ella el pescado, dar un hervor y servir.

Rape al ajoarriero

Para 6 personas
Dificultad: baja
Tiempo: 1 hora y 30 minutos

Ingredientes:

1,5 kg de rape
1/2 litro de salsa de tomate
200 g de cebolla
4 pimientos
2 dientes de ajo
10 cucharadas de aceite
sal

Preparación:

- Asar y pelar los pimientos y cortarlos en tiras o en cuadrados. Limpiar el rape y hacerlo en filetes.

- Cocerlos durante 10 minutos en un poco de agua con sal.

- Poner el aceite en una cazuela de barro, echar el ajo muy picadito y la cebolla cortada a tiras finas y rehogar hasta que la cebolla empiece a tomar color.

- Agregar entonces el rape desmenuzado grueso y los pimientos, rehogarlo todo junto unos minutos, incorporar la salsa de tomate, rectificar de sal, dar un hervor y dejar reposar en lugar caliente durante 30 minutos.

- Servir en la misma cacerola y, si es necesario, calentar de nuevo un poco en el horno.

CONSEJO PRÁCTICO

Puede darse más cuerpo a la salsa con una cucharadita de harina, si se quiere.

CONSEJO PRÁCTICO

Para evitar que la mantequilla se queme en la sartén conviene añadirle alguna cucharada de buen aceite.

CONSEJO PRÁCTICO

Mejora el sabor de la salsa con un vasito de nata líquida.

Merluza con patatas y tomate

Pastel de merluza

Para 6 personas
Dificultad: baja
Tiempo: 1 hora y 15 minutos

Ingredientes:
1 kg de merluza congelada
1 taza de tomate frito con cebolla
6 rebanadas de pan de molde
5 huevos
pimienta y sal

Para cocer la merluza:
1 zanahoria
unos cascos de cebolla
1 chorrito de aceite
1 vasito de vino blanco
pimienta y sal

Preparación:

- Poner la merluza en una fuente de horno, rociarla con aceite y añadirle unos cascos de cebolla, una zanahoria en rodajas, un vasito de vino blanco, un chorrito de limón, sal y pimienta.

- Cubrirla con un papel de estaño y meterla a horno fuerte durante 20 minutos.

- Sacar y desmenuzar bien la merluza.

- Añadirle el sofrito de tomate y cebolla y el pan de molde remojado en leche. Mezclar bien.

- Añadir las yemas batidas y las claras a punto de nieve.

- Sazonar con sal y pimienta.

- Verter en flanera untada con mantequilla y pan rallado.

- Poner al baño María, primero arriba y luego en el horno.

- Tarda alrededor de 1 hora.

- Antes de sacar, comprobar la cocción metiendo una aguja: tiene que salir completamente limpia.

CONSEJO PRÁCTICO

Desmoldar y servir acompañado (o cubierto) de salsa bechamel, mayonesa o salsa rosa.

Truchas rellenas

Para 6 personas
Dificultad: media
Tiempo: 1 hora

Ingredientes:
6 truchas pequeñas
60 g de aceitunas negras
1 cebolla
150 g de champiñones
60 g de almendras peladas
1 limón
pan rallado
perejil
aceite
vinagre
papel sulfurizado
pimienta
sal

Preparación:

- Vaciar las truchas, lavarlas, quitarles la espina por el vientre, abriéndolo lo menos posible, y frotarlas por dentro y por fuera con zumo de limón mezclado con un poco de sal gorda.

- Pelar y picar la cebolla. Limpiar y picar los champiñones. Deshuesar las aceitunas y picarlas, así como las almendras y el perejil.

- Mezclarlo todo bien y sazonar con un poco de aceite y vinagre, sal y pimienta.

- Rellenar las truchas con la mezcla y coserlas cuidadosamente.

- Pasarlas por pan rallado y envolverlas individualmente en papel sulfurizado ligeramente engrasado.

- Asarlas sobre la parrilla 20 o 25 minutos a fuego suave: darles la vuelta a los dos tercios del tiempo de cocción.

- Servir en el mismo papel.

CONSEJO PRÁCTICO

Servir aparte unas patatas asadas al horno fuerte durante 30 minutos, con su piel, envueltas en papel metálico. Acompañarlas con mantequilla.

Merluza con patatas y tomate

Para 6 personas
Dificultad: baja
Tiempo: 45 minutos

Ingredientes:
6 rodajas de merluza
500 g de patatas enteras cocidas
500 g de tomates
250 g de cebollas
3 puerros
3 dientes de ajo
50 g de jamón
5 cucharadas de aceite
perejil
pimienta
azúcar y sal

Preparación:

- Calentar el aceite en una cazuela de barro grande, echar 2 dientes de ajo, cebollas y puerros picaditos, el tomate pelado, sin semillas y cortado en tiras finas.

- Sazonar con sal, pimienta y una pizca de azúcar.

- Rehogar todo (si es posible tapado) hasta que la cebolla esté tierna.

- Introducir las rodajas de merluza y envolverlas con el sofrito.

- Colocar las patatas, peladas y cocidas, sobre la merluza.

- Majar un ajo con perejil, desleírlo con un poco de agua y verterlo sobre las patatas.

- Tapar la cacerola con tapadera o un papel de aluminio e introducirla en el horno caliente.

- Cocer a fuego moderado durante 15 minutos.

- Servir.

CONSEJO PRÁCTICO

Si se prefiere la salsa espesa, pasar ligeramente por harina las rodajas de pescado.

Lenguados Colbert

Truchas a la navarra

Para 6 personas
Dificultad: baja
Tiempo: 30 minutos

Ingredientes:
6 truchas grandes
3 lonchas de jamón serrano
harina, aceite, perejil, pimienta y sal

Preparación:

- Lavar bien las truchas, practicarles un corte longitudinal en el vientre, introducir en él media loncha de jamón, sazonar con sal y pimienta y rebozar en harina.

- Freír las truchas en abundante aceite hirviendo, sacarlas y dejarlas escurrir sobre papel de celulosa.

- Servir bien calientes, espolvoreadas con perejil picado.

Rape tres gustos

Para 6 personas
Dificultad: media
Tiempo: 1 hora

Ingredientes:
1 kg de rape cortado en filetes
250 g de gambas
1/2 litro de puré de tomate espeso
2,5 dl de mayonesa espesa

Preparación:

- Cubrir el fondo de una cazuela de barro o fuente de horno con los filetes de rape en crudo y echar sobre ellos la salsa de tomate.

- Pelar las gambas y colocarlas en crudo sobre el tomate. Cubrir con la mayonesa.

- Meter a horno moderado durante 20 o 25 minutos.

- Servir nada más salir del horno en la misma fuente.

Acompañar con patatas hervidas, servidas aparte, y una ensalada fresca.

Bacalao asado

Para 6 personas
Dificultad: baja
Tiempo: 1 hora y 30 minutos

Ingredientes:
1 trozo de bacalao fresco de 1 a 1,5 kg
   (cortado hacia la cola)
1 vaso de vino blanco
perejil, tomillo y orégano
1 kg de tomates
1 cebolla grande
1 ajo
aceite, mantequilla, pimienta y sal

Preparación:

- Hacer en el bacalao unos cortes paralelos y oblicuos, a unos 2 cm de distancia unos de otros.

- Pelar y picar finamente media cebolla y las hierbas, frotar el pescado con este picadillo, tratando de que penetre lo más profundamente posible en los cortes que se acaban de hacer.

- Untar el bacalao con aceite y dejarlo reposar en frío durante 1 hora.

- Envolverlo luego en una hoja de papel de aluminio y mantenerlo unos 20 minutos en horno mediano, dando la vuelta a los dos tercios de la cocción.

- Mientras tanto preparar una salsa de tomate: poner 3 cucharadas de mantequilla en una cacerola, echar la cebolla restante picada y un diente de ajo aplastado, dejar dorar, incorporar los tomates pelados y sin semillas, cocer a fuego suave hasta que el tomate esté deshecho, regar entonces con el vino, rectificar de sal y pimienta y reducir un poco a fuego vivo.

- Poner el bacalao en una fuente caliente y cubierto con un poco de salsa.

- Servir el resto en una salsera.

Puede hacerse este plato también con rape o el tronco de una merluza o pescadilla.

Lenguados Colbert

Para 6 personas
Dificultad: media
Tiempo: 1 hora

Ingredientes:
6 lenguados de ración
2 huevos
75 g de harina
150 g de mantequilla
10 cucharadas de aceite
perejil, pimienta blanca y 3 limones
pan rallado y sal

Preparación:

- Preparar la mantequilla «Maître d'Hôtel»: mezclar la mantequilla con un poco de jugo de limón, pimienta blanca y perejil picado; formar con ella un cilindro, envolverlo en papel de aluminio y meterlo en el congelador a fin de que se endurezca. En el momento de servir se corta en rodajas o en tiras, o se hacen bolas y se pone sobre el pescado.

- Quitar la piel, aletas y cabezas a los lenguados (pueden hacerlo en la pescadería). Cuidar de que estén bien limpios.

- Con un cuchillo afilado, hacer un corte longitudinal en el centro de uno de los lados de cada lenguado hasta tocar la espina; levantar un poco los bordes de la abertura de modo que se vea la espina; sazonar con sal y limón; rebozar con harina, huevo batido y pan rallado muy fino.

- Calentar el aceite con unos trocitos de mantequilla y freír los lenguados hasta que queden bien dorados.

- A medida que se van sacando del fuego, dejarlos sobre un papel absorbente para que escurran el exceso de grasa; colocarlos después en una fuente caliente con una tira de mantequilla «Maître d'Hôtel» en el centro.

- Adornar con perejil.

Servirlos recién hechos con patatas hervidas y rodajas de limón.

Besugo asado

Angulas a la vasca

Para 4 a 6 personas
Dificultad: baja
Tiempo: 30 minutos

Ingredientes:

600 g de angulas
6 dientes de ajo
3 cucharadas de aceite
1 guindilla

Preparación:

* En cazuelitas individuales, poner media cucharada de aceite, un diente de ajo cortado y un poco de guindilla. Dorar y retirar.

* Distribuir en cada una las angulas y darles vueltas para que se hagan por igual con el calor que conservan del fuego.

* Toda la operación ha de hacerse muy rápidamente.

* Servir chisporroteando y comer en el acto.

Sardinas rellenas

Para 6 personas
Dificultad: baja
Tiempo: 2 horas

Ingredientes:

24 sardinas grandes
3 huevos
3 pimientos verdes grandes
1 cebolla
2 cucharadas de salsa bechamel espesa
1 diente de ajo
aceite
pan rallado
harina
nuez moscada

Preparación:

* Asar los pimientos, pelarlos, retirar las semillas y reservarlos.

* Preparar el relleno: calentar el aceite, rehogar en él una cucharada de cebolla picadita y el diente de ajo troceado finamente.

* Cuando se empiece a dorar, incorporar 2 huevos batidos, revolver sin parar hasta que estén cuajados, añadir entonces la bechamel, sazonar con sal y nuez moscada, retirar del fuego y reservar.

* Limpiar las sardinas, quitarles la cabeza y la espina central, extenderlas abiertas sobre la mesa.

* Sobre 12 de ellas colocar una loncha de pimiento y una cucharada de relleno, cubrir con otra loncha de pimiento y otra sardina y cerrar el «bocadillo» con un palillo a cada lado.

* Pasar cada uno de ellos por harina, huevo batido y pan rallado, freír en abundante aceite y servir bien calientes.

Besugo asado

Para 6 personas
Dificultad: baja
Tiempo: 1 hora

Ingredientes:

2 besugos de 1 kg, aproximadamente
aceite
1 cucharada de vinagre
pan rallado
3 dientes de ajo
2 limones
perejil
pimienta
sal

Preparación:

* Pedir al pescadero que prepare los besugos para asar con unos cortes en el lomo.

* Lavar el pescado, colocarlo en la besuguera y sazonarlo por dentro y por fuera.

* Preparar un picadillo con los ajos, perejil, pan rallado, pimienta, sal, vinagre y aceite suficiente para que quede como una pasta; extenderla por encima de los besugos, a los que se les habrán introducido unas rodajitas de limón en las hendiduras. Rociar con un chorro abundante de aceite.

* Introducir en el horno fuerte ya caliente, y asarlo hasta que esté hecho. Rociarlo con su jugo varias veces durante la cocción.

* Servir enseguida.

CONSEJO PRÁCTICO

Es típico comerlas con tenedor de madera.

CONSEJO PRÁCTICO

Para hacer más ligero el plato, acompañar con ensalada fresca.

CONSEJO PRÁCTICO

Los besugos pueden servirse también abiertos y sin espinas, acompañados de patatas al horno.

Salmonete a la italiana

Besugo a la parrilla

Para 6 personas
Dificultad: baja
Tiempo: 45 minutos

Ingredientes:

2 besugos de 600 a 700 g
3 huevos
aceite
pan rallado
3 limones
pimienta y sal

Preparación:

- Limpiar y descamar los besugos y secarlos con un paño o un poco de papel absorbente.

- Batir dos huevos con el tenedor y añadir 3 cucharadas soperas de aceite. Sazonar bien con sal y pimienta.

- Embadurnar cada besugo (que debe estar bien seco) con esta mezcla y pasarlo luego por pan rallado.

- Colocar los besugos sobre la parrilla previamente engrasada y bien caliente y asarlos muy suavemente, pintándolos a menudo con el resto de la mezcla (la cocción deberá durar como 30 minutos, dando la vuelta a los besugos al cabo de 20 minutos).

- Disponerlos en una fuente caliente y adornarlos con rodajitas de limón.

- Acompañar, si se desea, con arroz blanco.

Bonito a la plancha

Para 6 personas
Dificultad: baja
Tiempo: 30 minutos

Ingredientes:

1,5 kg de bonito en filetes
1 kg de patatas
2 limones
perejil y sal

Preparación:

- Cocer las patatas en agua con sal, cortadas a cuadros no muy pequeños.

- 20 minutos antes de servir, sazonar el bonito con sal, untarlo en aceite y asarlo a la plancha por ambas caras.

- Colocar los filetes en una fuente, rodeados de las patatas cocidas y rodajas de limón.

- Espolvorear con perejil picado.

- Acompañar con salsa mayonesa o vinagreta.

Salmonete a la italiana

Para 6 personas
Dificultad: baja
Tiempo: 45 minutos

Ingredientes:

12 salmonetes
75 g de mantequilla
8 anchoas
8 cucharadas de salsa de tomate
1 limón
pan rallado
perejil
aceite
pimienta
sal

Preparación:

- Limpiar los salmonetes, sazonarlos con sal y pimienta, pasarlos por un poco de aceite y colocarlos en una fuente refractaria.

- Espolvorearlos con pan rallado y asarlos en el horno moderado durante 20 minutos.

- Pasado este tiempo, sacar los salmonetes y reservarlos en caliente.

- En la fuente de asar, poner la mantequilla, la salsa de tomate, las anchoas machacadas y 5 o 6 cucharadas de agua, sazonar con sal y pimienta y cocer durante 5 minutos.

- Revolver para que todo quede bien mezclado.

- Pasar la salsa por la batidora y verterla sobre los salmonetes.

- Introducir la fuente en el horno hasta que estén bien calientes.

Bonito con tomate

Dorada primavera

Para 4 a 6 personas
Dificultad: baja
Tiempo: 2 horas

Ingredientes:
1,5 kg de dorada
100 g de salchichas
6 lechugas pequeñas y blancas
perifollo
2 huevos duros
lonchas de tocino para cubrir el pescado
1 bote de nata fresca
1 cebolla grande
1 1/2 vasos de caldo

Preparación:

• Preparar un relleno con la carne de las salchichas, un puñado grande de hojas de lechuga picada, los huevos duros, perifollo, sal y pimienta.

• Vaciar y lavar cuidadosamente la dorada. Abrirla, introducir el relleno en su interior y cubrirla con una capa de lonchas de tocino. Salar.

• Asar a fuego suave después de engrasar y calentar la parrilla (hay que contar 15 minutos de cocción por cada 400 g de pescado).

• Lavar la lechuga, ponerla en una cazuela con una cucharada grande de mantequilla fundida, cocer a fuego suave durante 20 minutos, espolvorear luego con una cebolla grande picada, mojar con el caldo caliente (en su defecto, agua), poner sal y pimienta, tapar la cazuela y cocer lentamente durante 1 hora.

• Colocar el pescado en una fuente grande bien caliente.

• Rodearlo de las lechugas, mezclar el jugo de la cocción de las lechugas y el de la dorada, reducir si hace falta, agregar un poco de nata fresca y una cucharada de perifollo picado.

• Cubrir solamente las lechugas con esta salsa y servir bien caliente.

Congrio con guisantes

Para 6 personas
Dificultad: baja
Tiempo: 1 hora

Ingredientes:
1,5 kg de congrio
1 kg de guisantes del tiempo
6 cucharadas de aceite
1 cebolla
1 1/2 cucharadas de harina
2 dientes de ajo
azafrán en rama
un manojo de hierbas aromáticas
perejil y sal

Preparación:

• Desgranar los guisantes.

• Calentar en una cacerola 4 cucharadas de aceite, agregar 2 cucharadas de cebolla muy picada y dejar rehogar a fuego lento.

• Cuando la cebolla esté transparente, regar con 1 litro de agua y echar las hierbas aromáticas.

• Al romper a hervir, incorporar los guisantes; dejar cocer destapados y a fuego fuerte hasta que estén tiernos (el caldo tiene que quedar reducido a una taza y media más o menos).

• Machacar en el mortero los ajos pelados, unas hebras de azafrán y un poco de perejil.

• Calentar las 2 cucharadas restantes de aceite, rehogar la harina, unir el majado del mortero, remover bien y verter todo sobre los guisantes.

• Dar un hervor hasta que la salsa se espese.

• Colocar el congrio, cortado en unas rodajas gruesas, en una besuguera, cubrir con los guisantes y su salsa y cocer en el horno previamente calentado durante 10 minutos.

• Servir.

Bonito con tomate

Para 6 personas
Dificultad: media
Tiempo: 1 hora

Ingredientes:
1,5 kg de bonito
3 dientes de ajo
750 g de tomate
8 cucharadas de aceite
laurel
perejil
azúcar y sal

Preparación:

• Cortar el bonito en filetes y asarlos ligeramente a la plancha por ambos lados. Reservarlos en una cazuela de barro.

• Calentar el aceite, dorar los ajos enteros y una hoja de laurel.

• Añadir los tomates pelados, troceados y sin semillas.

• Sazonar con una pizca de azúcar y sal, rehogar a fuego lento durante 15 minutos y triturar de vez en cuando con la espumadera.

• Una vez cocido el tomate, retirar los ajos y el laurel, verter sobre el bonito la salsa y 2,5 dl de agua, espolvorear con perejil e introducir en el horno caliente.

• Cocer a fuego medio-alto durante 20 minutos.

• Puede servirse caliente.

Sardinas en calderada

Caballa a la brasa con hinojos

Para 6 personas
Dificultad: media
Tiempo: 1 hora

Ingredientes:

12 caballas pequeñas o 4 medianas
hinojo fresco
aceite
limón
pimienta
sal

Preparación:

- Encender un fuego y avivarlo hasta obtener una capa de brasa de 4 o 5 cm de espesor.

- Mientras tanto, vaciar, lavar y secar las caballas, cortarlas ligeramente a lo largo del lomo, sazonarlas con sal y pimienta, untarlas con aceite y envolverlas en tallos muy finos de hinojo verde con sus hojas.

- Sujetar el hinojo alrededor de las caballas con algunas vueltas de hilo de cocina.

- Engrasar la parrilla y calentarla antes de colocar las caballas (la cocción debe hacerse sobre brasas rojas y vivas y la parrilla debe estar prácticamente apoyada sobre ellas sin que medie aire entre las caballas y el lecho de brasas).

- Contar 10 o 12 minutos de cocción, o un poco menos si las caballas son muy pequeñas; darles la vuelta a los dos tercios de la cocción.

- Quitar a los pescados lo que queda del hilo de cocina y rociarlos con bastante jugo de limón antes de servir.

CONSEJO PRÁCTICO

El plato puede hacerse también con truchas.

Salmonetes a la parrilla con salsa de alcaparras

Para 6 personas
Dificultad: media
Tiempo: 1 hora

Ingredientes:

12 salmonetes pequeños
150 g de mantequilla
1 cucharada de alcaparras
aceite, pimienta y sal

Preparación:

- Descamar los salmonetes. No vaciarlos; quitarles simplemente el hígado, sujetándolos por las agallas.

- Secarlos cuidadosamente y ponerlos a macerar por lo menos 15 minutos en un poco de aceite de oliva salpimentado.

- Preparar una barbacoa de brasas blancas (es decir, brasas ya recubiertas de una fina película de ceniza y, por tanto, de calor medio) o calentar la parrilla del horno a temperatura media.

- Engrasar y calentar la parrilla antes de colocar encima los salmonetes bien escurridos.

- Asarlos 15 minutos y darles la vuelta cuando estén hechos por ese lado.

- Mientras tanto, preparar la salsa: fundir la mantequilla en una cacerola, añadir los hígados del pescado aplastados con el tenedor y una cucharada de agua calentar simplemente (no deben hervir) y agregar 1 o 2 cucharadas más de agua caliente.

- Salar y espolvorear con un poco de pimienta.

- Completar con una buena cucharada de alcaparras.

- Verter esta salsa en la fuente de servir previamente calentada y disponer los salmonetes encima.

- Servir inmediatamente.

CONSEJO PRÁCTICO

Pueden hacerse al horno, envueltos con papel de aluminio una vez macerados.

Sardinas en calderada

Para 6 personas
Dificultad: media
Tiempo: después de maceradas, 45 minutos

Ingredientes:

500 g de sardinas
500 g de patatas
1 cebolla pequeña
1 diente de ajo
10 cucharadas de aceite
1 cucharada de pimentón
2 cucharadas de vinagre
1 manojo de hierbas aromáticas
sal de mesa
sal gorda

Preparación:

- Preparar las sardinas tres días antes, limpiarlas de escamas, abrirlas y quitarles la cabeza y espina central.

- Colocar una capa de sardinas en una fuente, cubrirlas con una capa de sal gorda, poner otra capa de sardinas y así hasta terminar con sal.

- Dejar en esta maceración durante tres días.

- Cuando se vaya a preparar el guiso, lavar bien las sardinas en agua fría.

- Pelar las patatas y trocearlas. Ponerlas en una cazuela de barro, cubrirlas con agua fría, añadir las hierbas y un poco de sal y cocer hasta que estén casi tiernas.

- Entonces distribuir por encima las sardinas y terminar la cocción durante 20 minutos.

- Mientras tanto, calentar el aceite, echar el ajo y cebolla picaditos, rehogar a fuego lento hasta que la cebolla esté transparente, incorporar el pimentón, regar con el vinagre, verter todo sobre las sardinas y cocer otros 10 minutos más todo junto.

- Puede servirse en la misma cazuela o en platos independientes.

CONSEJO PRÁCTICO

El plato queda bien con boquerones.

Bacalao con arroz

Arroz negro

Para 4 personas
Dificultad: media
Tiempo: 45 minutos

Ingredientes:

400 g de arroz
400 g de sepias
100 g de cebollas
250 g de tomates maduros
1 pimiento verde
3 dientes de ajo
1 vaso de aceite
1 ramita de perejil y sal

Preparación:

- Limpiar y cortar en rodajas las sepias; reservar la tinta.

- Pelar y cortar fina la cebolla; pelar y picar los ajos; trocear el pimiento y los tomates.

- Calentar el aceite en una cazuela de barro o en una paella y dorar las rodajas de sepias; agregar la cebolla y dorar un poco; incorporar los ajos picados, el pimiento y, tras una pausa, el tomate; remover y dejar cocer hasta que tome un color más oscuro.

- Calentar algo más de un 1 litro de agua y añadir al sofrito; tapar y dejar cocer unos 20 minutos.

- Diluir la tinta de las sepias en un poco de agua caliente y añadirla a la cazuela; sazonar.

- Aumentar la intensidad del fuego; añadir el arroz distribuyéndolo parejo; remover.

- Cocer con la cazuela destapada a fuego medio durante unos 20 minutos; comprobar el punto de cocción; dejar reposar unos 5 minutos y servir.

Dorada a la sal

Para 4 personas
Dificultad: baja
Tiempo: 30 minutos

Ingredientes:

1 dorada de 1,250 kg, aproximadamente
1 kg de sal gruesa

Preparación:

- Lavar la dorada sin quitarle las vísceras ni las escamas.

- Cubrir el fondo de una fuente de horno con una capa de sal gruesa; mojarla un poco y poner sobre ella la dorada.

- Cubrir el pescado con el resto de la sal apretándola un poco para que se adhiera bien.

- Calentar el horno a 200 °C y asar la dorada durante unos 25 minutos.

- Quitar la costra de sal y la piel del pescado y servir los lomos pelados acompañados de alguna salsa.

Bacalao con arroz

Para 4 personas
Dificultad: baja
Tiempo: 45 minutos
(más el tiempo de remojo del bacalao)

Ingredientes:

300 g de bacalao
500 g de arroz
1 cebolla
3 tomates
2 latas de guisantes
1 ramita de perejil
1 cucharada de mantequilla
2 cucharadas de aceite de oliva
pimienta y sal

Preparación:

- Poner el bacalao en remojo y desalarlo en varias aguas; quitarle la piel y las espinas y cortarlo en trocitos.

- Pelar y picar la cebolla; majar en el mortero el perejil; pelar y trocear los tomates.

- Calentar el aceite y dorar la cebolla; añadir el perejil, los tomates y una lata de guisantes; dejar cocer unos minutos.

- Añadir el bacalao, remover y cocer unos minutos más; sazonar con pimienta, agregar un poquito de agua caliente si tiende a secarse, tapar y dejar cocer a fuego moderado unos 10 minutos.

- Incorporar el arroz y dejar cocer, agregando agua hirviendo cuando se seque, hasta que el arroz esté en su punto.

- Corregir la sazón de sal y dejar reposar un momento.

- Fundir la mantequilla y rehogar los guisantes de la otra lata.

- Servir con los guisantes rehogados.

CONSEJO PRÁCTICO

La tinta de los calamares conviene reservarla en una taza con unas gotas de agua para que no se reseque.

CONSEJO PRÁCTICO

Se suelen utilizar claras de huevo ligeramente batidas para mojar la sal. Asimismo, el tiempo de cocción se calcula a razón de 20 minutos por kilo de peso.

CONSEJO PRÁCTICO

El arroz vaporizado no se pasa ni se pega.

Rape a la mediterránea

Caldereta mallorquina

Para 6 personas
Dificultad: alta
Tiempo: 1 hora

Ingredientes:

500 g de cabeza de rape
200 g de gambas
200 g de pescadilla (1 pieza)
1 sardina fresca y 1 anchoa salada
2 cebollas y 500 g de tomates
30 g de jamón y 30 g de sobrasada
50 g de almendras y 25 g de piñones
2 cucharadas de brandy
2 cucharadas de jerez
6 rebanadas de pan de hogaza
1 vaso de aceite y pimienta y sal

Preparación:

- Pelar y picar finas las cebollas; trocear los tomates y las cabezas de rape; cortar pequeño el jamón y la sobrasada; desalar la anchoa.

- Calentar la mitad del aceite y sofreír las gambas; retirarlas y pelarlas.

- En el mismo aceite sofreír la mitad de la cebolla; añadir algo menos de la mitad del tomate, remover y rehogar.

- Agregar las cabezas y pieles de las gambas, remover y echar las cabezas de rape, cocer unos minutos antes de bañar con 2,5 litros de agua caliente; salpimentar y cocer 30 minutos.

- Calentar el resto del aceite, reservando un poquito, y sofreír lo que queda de la cebolla junto con el jamón, la sobrasada y el tomate restante; aromatizar con el brandy y el jerez y rehogar unos minutos.

- Calentar el aceite reservado y freír la sardina y la pescadilla; quitarles las espinas y desmenuzarlas.

- Machacar en un mortero las almendras y los piñones; incorporar la sardina, la pescadilla y la anchoa y majar hasta tener una pasta.

- Colar el caldo del pescado y las gambas y agregar en él la pasta anterior; cocer unos 15 minutos.

- Servir caliente en sopera, y en bandeja aparte las rebanadas de pan.

Pan bagna

Para 4 personas
Dificultad: baja
Tiempo: 15 minutos

Ingredientes:

12 filetes de anchoa
4 rebanadas grandes de pan de hogaza
1 tomate grande
2 huevos
1 diente de ajo
16 aceitunas negras
sal

Preparación:

- Cocer los huevos y cortarlos en rodajas; cortar el tomate en rodajas más o menos finas.

- Tostar las rebanadas de pan y restregarlas con el ajo.

- Colocar sobre cada rebanada unas rodajas de tomate, 3 filetes de anchoa cruzados, unas aceitunas y rodajas de huevo duro.

- Sazonar y servir.

Rape a la mediterránea

Para 4 personas
Dificultad: baja
Tiempo: 45 minutos

Ingredientes:

800 g de rape
2 tomates maduros
1 cabeza de ajos
2 ñoras
2 rebanadas de pan
100 g de almendras tostadas
1 ramita de perejil
1 vaso de vino blanco seco
1 vaso de aceite de oliva
azafrán
pimienta
sal

Preparación:

- Limpiar y cortar el rape en 8 o 12 trozos; salpimentar y reservar.

- Picar fino el perejil; pelar los ajos.

- Calentar el aceite, reservando un poco, y dorar las rebanadas de pan; sacarlas y ponerlas en un mortero grande.

- En el mismo aceite sofreír los ajos, los tomates, unas hebras de azafrán y las almendras y colocarlos en el mortero a medida que se vayan dorando.

- Majar el contenido del mortero hasta lograr una pasta fina y homogénea; diluir con el vino blanco, mezclar y añadir un poco de aceite; volcar la pasta en la sartén y terminar de sofreír añadiendo un poco de agua caliente como para cubrir el pescado.

- Verter el sofrito majado en la cazuela del rape y cocer a fuego suave durante unos 20 minutos; espolvorear el perejil y servir.

Fideos con pescado

Sopa de bacalao

Para 4 personas
Dificultad: baja
Tiempo: 2 horas y 30 minutos
(más el tiempo de remojo)

Ingredientes:

600 g de bacalao y 200 g de champiñones
100 g de mantequilla y 100 g de pan rallado
2 cebollas y 1 diente de ajo
3 hojas de lechuga y 1 zanahoria
1 tallo de apio y 2 calabacines
2 patatas medianas y 2 tomates maduros
1 ramita de perejil
1 vaso de aceite de oliva
pimienta en grano y sal

Preparación:

- Poner en remojo y desalar en varias aguas el bacalao; quitarle la piel y las espinas y picarlo; reservar.

- Picar finamente el perejil y medio diente de ajo; pelar y picar cebolla; machacar 4 o 5 granos de pimienta.

- Untar con la mitad de la mantequilla una cazuela de barro, espolvorearla con pan rallado y colocar en ella el bacalao, la cebolla, el perejil y el ajo, 4 cucharadas de aceite, 1 cucharada de mantequilla y un cazo de agua; tapar y cocer a fuego suave durante 2 horas. Mover de tanto en tanto y añadir cucharadas de agua si fuese necesario.

- Pelar los tomates; pelar y picar el resto de las verduras; limpiar los champiñones.

- Cocer los tomates con las verduras en agua ligeramente salada durante 1 hora; una vez cocidas escurrirlas y pasarlas por un colador chino o por la batidora.

- Fundir el resto de la mantequilla y rehogar los champiñones.

- Devolver el puré de verduras a su recipiente y añadir el bacalao y los champiñones rehogados.

- Calentar bien y servir.

CONSEJO PRÁCTICO

Este plato puede acompañarse con costrones de pan frito en aceite o mantequilla.

Paella a la marinera

Para 4 personas
Dificultad: media
Tiempo: 50 minutos

Ingredientes:

400 g de arroz y 100 g de harina
400 g de mejillones y 250 g de rape
200 g de gambas pequeñas
250 g de calamares y 4 cigalas
1 sepia y 1 cabeza y espinas de pescado
3 tomates, 1 cebolla y 2 dientes de ajo
2 vasitos de aceite de oliva
1 cucharadita de pimentón
azafrán, pimienta y sal

Preparación:

- Lavar y cortar el rape en trozos; salar y pasar por harina.

- Calentar la mitad del aceite en una cazuela, freír el rape y reservar.

- En el mismo aceite freír la cabeza y las espinas de pescado, salpimentar y echar poco más de 1 litro de agua y dejar cocer durante unos 30 minutos.

- Lavar y trocear la sepia; lavar y cortar en rodajas los calamares; pelar y picar finamente la cebolla y el ajo; picar fino el perejil y rallar el tomate.

- En una paella calentar el resto del aceite y freír las gambas y las cigalas.

- En el mismo aceite rehogar la sepia, los calamares y la cebolla; antes de que ésta se dore, agregar el ajo y el perejil picados y enseguida el tomate rallado; remover con una cuchara de madera.

- Agregar el arroz y el pimentón y remover con energía.

- Colar el caldo de pescado y añadirlo a la paella; dejar cocer a fuego vivo durante unos minutos.

- Incorporar el rape, las gambas y las cigalas.

- Cocer los mejillones al vapor; quitarles una valva, colar su caldo de cocción y añadirlo al arroz.

- Continuar la cocción a fuego medio 8 minutos más, dejar reposar y colocar encima los mejillones y servir en la misma paella.

CONSEJO PRÁCTICO

También se puede adornar colocando encima unos gajos de limón sin pelar; hay quienes echan unas gotas de limón al arroz.

Fideos con pescado

Para 4 personas
Dificultad: baja
Tiempo: 40 minutos

Ingredientes:

400 g de fideos curvados y huecos del n.º 2
300 g de rape
4 cigalas
400 g de tomates maduros
1 cebolla
2 dientes de ajo
1 cucharada de pimentón picante
1 ramita de perejil
1 vasito de aceite de oliva
1 pastilla de caldo de pescado
azafrán
pimienta y sal

Preparación:

- Trocear el rape; pelar y picar finamente la cebolla, los tomates y los ajos; picar fino el perejil.

- Calentar el aceite en una paella y rehogar las cigalas; retirar y reservar; rehogar el rape y la cebolla y, antes de que se dore, añadir los ajos, el perejil y los tomates; salpimentar y remover.

- Diluir la pastilla de caldo de pescado en una taza de agua templada; tostar unas hebras de azafrán.

- Añadir el pimentón y continuar removiendo; agregar los fideos, cubrir con el caldo y aromatizar con el azafrán; dejar hervir unos 12 minutos, añadiendo agua caliente si fuese necesario.

- Agregar las cigalas 5 minutos antes de finalizar la cocción; dejar reposar y servir.

CONSEJO PRÁCTICO

La cantidad de caldo que se añade debe ser el doble de la de fideos que se emplea.

Bacalao fresco al horno

Dorada a la sal

Para 4 personas
Dificultad: baja
Tiempo: 1 hora
Contenido de colesterol: bajo
Contenido calórico: 162 kcal por persona
(más las calorías del acompañamiento)

Ingredientes:

1 dorada de 1,5 kg, aproximadamente
2 kg de sal de cocina, gruesa especial
1 hoja de laurel

Acompañamiento:

500 g de patatas pequeñas (380 kcal)
salsas preparadas

Preparación:

- Al comprar la dorada, conviene pedir en la pescadería que la vacíen por la boca y nos la den sin descamar.

- Calentar el horno a unos 220 °C.

- Colocar en una fuente refractaria la mitad de la sal humedecida, bien aplanada y apretada.

- Colocar la dorada, ya limpia, sobre el lecho de sal. Poner sobre el lomo la hoja de laurel y cubrir con el resto de la sal, apretando bien para que quede compacta y uniforme.

- Introducir en el horno a unos 220 °C durante 35-40 minutos (o hasta que se vea la sal resquebrajada).

- Cocer al vapor las patatas, pequeñas y del mismo tamaño.

- Quitar con cuidado la costra de sal, que se llevará con ella la piel del pescado. Si queda algo, eliminarla con un papel de cocina untado con aceite.

- Presentar la dorada tal como sale del horno. Ofrecer acompañando las patatitas al vapor y varios tipos de salsa (pueden ser preparadas en casa o compradas hechas).

CONSEJO PRÁCTICO

A propósito de la sal, que interviene casi sin excepción en todas las preparaciones culinarias, recomendamos moderar su uso en la cocina.

Truchas a la crema

Para 4 personas
Dificultad: baja
Tiempo: 40 minutos
Contenido de colesterol: bajo
Contenido calórico: 197 kcal por persona

Ingredientes:

4 truchas de tamaño ración (unos 300 g)
2 cebollas medianas
2 dl de leche y 1 hoja de laurel
1 manojito de hierbas aromáticas frescas
pimienta y sal

Preparación:

- Picar las hierbas aromáticas menudas.

- Limpiar y lavar las truchas, salpimentarlas y rellenarlas con las hierbas picadas.

- Colocarlas en un cestillo al vapor, cubrirlas con las cebollas cortadas a rodajas finas. Cocerlas 12-15 minutos.

- Sacar las truchas, ponerlas en una fuente de servicio y mantener al calor.

- Poner las rodajas de cebolla cocida en un bol. Triturar con la batidora.

- En un cazo, calentar la leche y añadir las cebollas reducidas a puré; salpimentar. Regar con esta crema las truchas.

- Servir muy caliente, adornando la fuente con gajos de limón y un ramito de perejil.

CONSEJO PRÁCTICO

Los ácidos grasos del pescado son básicamente monoinsaturados y poliinsaturados, es decir, de los que no aumentan el colesterol perjudicial.

Bacalao fresco al horno

Para 4 personas
Dificultad: baja
Tiempo: 1 hora
Contenido de colesterol: medio
Contenido calórico: 298 kcal por persona

Ingredientes:

4 rodajas de bacalao fresco de 200 g cada una
2 manzanas reinetas
4 puerros
2 limones
30 g de margarina vegetal
un poco de aceite
perejil
hinojo
sal

Preparación:

- Calentar el horno a temperatura media.

- Untar con un poco de aceite el fondo de una bandeja refractaria.

- Lavar los puerros y cortarlos a rodajitas finas; distribuir éstas en el fondo de la bandeja.

- Pelar las manzanas y cortarlas a rodajas finas, disponerlas sobre el lecho de puerros y rociarlas con el zumo de los limones. Cubrir con un poco de hinojo cortado menudo y espolvorear con sal.

- Introducir la bandeja en el horno caliente; cocer durante 30 minutos.

- Pasado este tiempo, colocar las rodajas de bacalao sobre las verduras; salar y distribuir por encima la margarina vegetal a trocitos. Volver a meter la bandeja en el horno y cocer otros 10 minutos.

- Servir en cuanto esté listo, espolvoreando sobre el pescado un poco de perejil picado.

CONSEJO PRÁCTICO

El bacalao fresco es un pescado poco graso, de carne blanca, que puede prepararse de formas similares a la merluza, similar en contenidos nutritivos.

Bacalao al ajoarriero

Besugo al horno

Para 6 personas
Dificultad: media
Tiempo: 1 hora
Contenido de colesterol: bajo
Contenido calórico: 225 kcal por persona

Ingredientes:

1 besugo de 1,5 kg
100 g de cebolla
0,5 dl de aceite de oliva
0,5 dl de vino blanco seco
ajo, perejil, limón y sal

Preparación:

- Hacer limpiar el besugo en la pescadería. Ya en casa, aclararlo con agua fría y secarlo. Salarlo por dentro y por fuera. Hacer un par de incisiones profundas en la parte del lomo que quede encima.

- Calentar el horno durante unos 5 minutos. Entre tanto, rehogar en el aceite la cebolla cortada a rodajitas finas.

- Cuando la cebolla esté transparente, disponerla en el fondo de una fuente refractaria; colocar encima el besugo y rociarlo con el zumo de limón y el vino blanco. Finalmente, espolvorear por encima ajo y perejil picados (mezclados con un poco de pan rallado, si no asustan unas pocas calorías más).

- Introducir el pescado en el horno y cocerlo a 200-220 °C durante unos 35 minutos; rociar de vez en cuando el besugo con su jugo de cocción.

- Controlar la cocción para que no se reseque el pescado. Cuando esté hecho, sacarlo del horno: la superficie debe aparecer dorada.

- Servir en el recipiente de cocción.

Rodaballo curado al limón

Para 2 personas
Dificultad: baja
Tiempo: 15 minutos (más el tiempo de reposo)
Contenido de colesterol: bajo
Contenido calórico: 209 kcal por persona

Ingredientes:

350 g de rodaballo (u otro pescado de carne firme) sin piel ni espinas
2 limones grandes y jugosos
1 diente de ajo
1 ramita de apio
1 ramita de cilantro
1 cebolla mediana (60 g más o menos)
1/2 cucharada de aceite de oliva
ají africano (o guindilla picante al gusto)
perejil
unas hojas de lechuga
pimienta negra molida (al gusto) y sal

Preparación:

- Trocear el pescado, ya limpio, a daditos; ponerlo en maceración cubierto de zumo de limón y sazonado con sal y pimienta. Dejar reposar durante una noche, o varias horas.

- Picar muy menudos los demás ingredientes, a excepción de la lechuga.

- Escurrir el rodaballo, pero reservar el jugo. Unir el pescado en un cuenco con los ingredientes picados. Verter por encima la mitad, aproximadamente, del zumo de limón de la maceración (o todo si se prefiere). Dejar reposar de nuevo durante una hora.

- Cubrir el fondo de dos cuencos individuales con las hojas de lechuga; distribuir encima el pescado; rociar con el aceite.

- Servir muy fresco. Se acompaña muchas veces con galletitas saladas, pero esto es facultativo.

Bacalao al ajoarriero

Para 6 personas
Dificultad: media
Tiempo: 1 hora

Ingredientes:

1 kg de bacalao seco
1/2 litro de aceite
1 cucharada de manteca de cerdo
750 g de tomates
250 g de pimientos frescos
1 cebolla grande
6 dientes de ajo
4 pimientos choriceros
8 huevos

Preparación:

- Poner el bacalao en remojo durante 24 horas por lo menos.

- Escurrir, secar bien y desmenuzar, procurando quitar bien las espinas.

- Partir los ajos en rodajas no muy finas y freírlos con la manteca.

- Antes de que se doren, añadir el bacalao y saltearlo unos minutos.

- Hacer un refrito con el aceite, la cebolla, los pimientos frescos y los tomates, añadirle el bacalao salteado junto con los pimientos choriceros, revolver al fuego durante 10 minutos.

- Añadir 2,5 dl de caldo de pescado y dejar hervir 5 minutos más.

- Pasar el guiso a una cazuela de barro y escalfar los huevos.

Chipirones en su tinta

Besugo en cazuela

Para 6 personas
Dificultad: baja
Tiempo: 45 minutos

Ingredientes:

1 besugo grande o dos medianos
4 pimientos choriceros
2 dientes de ajo
10 o 12 almendras crudas
1 rebanada de pan
1 vasito de puré de tomate
1 vaso de agua
aceite
sal

Preparación:

- Partir el besugo en rodajas, sazonar con sal, pasar por harina y freír.
- Poner las rodajas fritas en una cazuela de barro.
- En el mismo aceite de haber frito el besugo, freír el pan, ajos, almendras y los pimientos, que habrán estado en remojo 2 o 3 horas.
- Sacar y machacar en el mortero con la ayuda de un poco de agua o caldo.
- Verter en la cazuela del besugo.
- Añadir el puré de tomate y el vaso de caldo o agua.
- Mover un poco la cazuela, para que se una todo y dejar cocer a fuego lento 10 minutos.
- Mover de vez en cuando, para que no se pegue.
- Servir en la misma cazuela, con patatas hervidas, espolvoreadas con perejil.

Bacalao en salsa verde

Para 6 personas
Dificultad: baja
Tiempo: 1 hora

Ingredientes:

1 kg de bacalao
2 cebollas
4 dientes de ajo
aceite
harina
perejil

Preparación:

- Poner el bacalao en remojo desde el día anterior y cambiar varias veces el agua.
- Poner aceite en una cazuela de barro y agregarle la cebolla y el ajo muy picados.
- Freír muy lentamente hasta que la cebolla esté tierna.
- Añadir bastante perejil picado.
- Pasar el bacalao por harina y poner en la cazuela, primero con la piel por abajo y luego darle la vuelta.
- Añadir un vaso de agua.
- Dejar cocer lentamente durante 10 minutos, moviendo de vez en cuando.
- Servir en la misma cazuela de barro.

Chipirones en su tinta

Para 6 personas
Dificultad: media
Tiempo: 1 hora y 15 minutos

Ingredientes:

1,5 kg de chipirones
1 kg de cebollas
500 g de tomates
1 dl de aceite, migas de pan y sal

Preparación:

- Limpiar bien los chipirones. Quitar con cuidado las bolsitas de tinta, separar las aletas y patas.
- Freír en una sartén una cebolla muy picadita.
- Añadir las aletas y patas. Retirar.
- Rellenar con ello los chipirones; se puede poner un palillo para que no se salga el relleno.
- Poner en una cazuela al fuego aceite y el resto de las cebollas muy picaditas.
- Freír lentamente, dándoles muchas vueltas.
- Añadir los tomates pelados y pasados.
- Dejar cocer lentamente.
- Añadir los chipirones y dejar cocer también lentamente hasta que estén tiernos.
- Agregar la tinta bien machacada en un mortero con un poco de miga de pan y un poco de agua.
- Cocer un poco y retirar los chipirones.
- Quitarles los palillos y poner en cazuela de barro.
- Pasar la salsa por un chino y cubrir los chipirones.
- Cocer un rato a fuego muy lento.
- Servir muy calientes en la misma cazuela de barro, con costrones de pan frito.

CONSEJO PRÁCTICO

En vez del vaso de agua, puede echarse uno de caldo, mejorando el resultado.

CONSEJO PRÁCTICO

Al igual que en el bacalao al pil-pil, la salsa final ha de ser espesa y suave.

CONSEJO PRÁCTICO

Para este plato han de usarse chipirones pequeños. Pueden ser congelados.

Bonito con tomate a la oriotarra

Bacalao a la vizcaína

Para 6 personas
Dificultad: baja
Tiempo: 1 hora

Ingredientes:

1 kg de bacalao en trozos
6 pimientos choriceros
4 cebollas y 1 vasito de aceite
1 cucharada de manteca de cerdo
3 dientes de ajo y perejil

Preparación:

- Poner en remojo, el día anterior, el bacalao y cambiar varias veces el agua para desalarlo. Poner también en remojo los pimientos.

- Echar en una cazuela el aceite y la manteca; cuando esté caliente, añadir la cebolla muy picada, los ajos enteros y una rama de perejil.

- Dejar enfriar muy lentamente; la cebolla tiene que quedar hecha un puré, sin llegar a dorarse (si es necesario, añadir un poco de agua).

- Cuando están casi cocidos, se limpian los pimientos, quitándoles las semillas.

- Rascar con una cuchara toda la carne y añadir a las cebollas.

- También machacar en un mortero los pellejos, añadir un poco de agua y colar sobre lo anterior.

- Sazonar con sal y pimienta.

- Pasar la salsa por un pasapurés muy fino y verterla en una cazuela de barro.

- Poner el bacalao en agua.

- Acercar al fuego y, antes de que empiece a hervir, sacar el bacalao y pasarlo a la cazuela de barro, cubriéndolo con la salsa.

- Arrimar al fuego y dejar cocer muy lentamente, hasta que el bacalao esté blando.

- Mover la cazuela de vez en cuando.

- También se puede hacer en el horno.

Angulas a la bilbaína

Para 6 personas
Dificultad: baja
Tiempo: 5 minutos

Ingredientes:

1 kg de angulas
1/2 litro de aceite
ajo, guindilla y sal

Preparación:

- Distribuir el aceite en cazuelitas de barro "individuales al fuego.

- Cuando el aceite esté caliente, agregar 3 o 4 dientes de ajo y 2 trozos de guindilla en cada una; dejar que se refrían

- Cuando el aceite esté muy caliente, poner en él las angulas, removiéndolas, sin dejar quemarlas, con cuchara de palo.

- Servirlas con el aceite hirviendo.

Asado de vendreska

Para 6 personas
Dificultad: baja
Tiempo: 15 minutos

Ingredientes:

1 kg de vendreska de bonito
2 cucharadas de aceite
pan rallado, ajos, perejil y sal

Preparación:

- Escoger la parte de la vendreska del bonito y colocarla abierta sobre una fuente de horno, rociarla con aceite (muy poquito, porque la vendreska tiene su propia grasa), espolvorearla con sal fina y pan rallado, mezclados con los ajos y el perejil muy picaditos.

- Meter al horno y cuando esté bien doradita, sacarla.

- Servir adornando con perejil.

Bonito con tomate a la oriotarra

Para 6 personas
Dificultad: baja
Tiempo: 30 minutos

Ingredientes:

6 rodajas gruesas de bonito
2 cebollas y 8 dientes de ajo
4 pimientos verdes, 2 kg de tomates y sal

Preparación:

- Freír a medio hacer las rodajas de bonito.

- Aparte, en cazuela de barro, echar el aceite, la cebolla partida en rodajas finas, ajos, pimientos verdes partidos a tiras.

- Una vez dorado, agregar el tomate partido en trozos, sazonar de sal y dejar hacer lentamente.

- Una vez hecho, pasar por el chino y echar sobre el bonito; dejar hervir 5 minutos.

- Servir adornado con unas tiras de pimientos verdes.

Truchas a la navarra

Para 6 personas
Dificultad: baja
Tiempo: 30 minutos

Ingredientes:

6 truchas
100 g de tocino
150 g de jamón serrano en lonchas
harina, aceite y sal

Preparación:

- Lavar y limpiar bien las truchas, secarlas y pasarlas por harina.

- Cortar las lonchas de jamón por la mitad (a lo largo) y poner cada trozo dentro de una trucha.

- Calentar aceite, derretir el tocino y freír en él las truchas.

Aguacates con gambas

Merluza a la koskera

Para 6 personas
Dificultad: media
Tiempo: 30 minutos

Ingredientes:

6 rodajas de merluza de 200 g cada una
12 almejas
150 g de guisantes
12 puntas de espárragos
0,5 dl de aceite
150 g de cebollas
3 dientes de ajos
1 cucharada de perejil
1 dl de vino blanco
1 dl de caldo de almejas
2 huevos duros

Preparación:

- Sazonar la merluza con sal y limón y pasarla por harina.

- Lavar las almejas pasándolas por 2 o 3 aguas y ponerlas al fuego con 1 dl de agua con la cazuela tapada para que se abran, dejar en reposo el agua de la cocción.

- Echar en crudo a una cazuela de barro la cebolla, el ajo y el aceite.

- Dejar ablandar a fuego lento la cebolla y ajo por espacio de 5 minutos y extender sobre esto las rodajas de merluza, rehogar por los dos lados sin que se doren, añadir el vino, el caldo de las almejas, las almejas, el perejil y los guisantes, mover la cazuela durante 10 minutos para que ligue la salsa.

- Cuando ya está hecha, adornar con los espárragos y el huevo duro cortado en rodajas y espolvorear de perejil.

Esta receta sirve para cualquier pescado de calidad, como mero, rape, etc.

PLATOS FRÍOS

Langostinos con ensaladilla rusa

Para 6 personas
Dificultad: baja
Tiempo: 1 hora

Ingredientes:

12 langostinos
agua, cebolla y 1 zanahoria
perejil, tomillo y laurel
1/2 vasito de vino blanco
pimienta abundante y sal

Preparación:

- Preparar un caldo corto con los ingredientes y dejar hervir.

- Lavar los langostinos e incorporarlos al caldo, dejar hasta que vuelva a hervir.

- Apartar del fuego y dejar enfriar en su propia agua.

- Preparar una ensaladilla rusa.

- Presentar en fuente redonda la ensaladilla y adornarla con los langostinos pelados o sin pelar.

Pueden usarse los langostinos congelados. Si se sirven con su cáscara, después de sacarlos del agua donde ha cocido, se meten en agua con hielo. Secarlos con un trapo fino antes de ponerlos en la fuente.

Aguacates con gambas

Para 6 personas
Dificultad: baja
Tiempo: 30 minutos

Ingredientes:

6 aguacates
500 g de gambas
500 g de nata fresca
vinagre
salsa Worcester
pimienta de Cayena
sal

Preparación:

- Cortar los aguacates en 2 en sentido longitudinal, quitarles la pulpa con una cuchara, cuidando de no romper la corteza, ni rasparla demasiado, para que mantenga cierta rigidez.

- Conservar la pulpa. Aplastarla finamente con el tenedor y mezclarla inmediatamente con una cucharadita de salsa Worcester y la nata fresca.

- Mezclarlo bien todo, sazonar con sal, pimienta y una pizca de pimienta de Cayena.

- Limpiar las gambas y cocerlas, si están crudas.

- Rellenar los aguacates con la mezcla de la pulpa, disponer las gambas y conservar en frío hasta el momento de servir.

Frotar un poco los aguacates con limón al cortarlos, para evitar que se ennegrezcan.

Pan de atún

Pez espada a la plancha

Para 6 personas
Dificultad: baja
Tiempo: 3 horas para el adobo
y 30 minutos para la preparación

Ingredientes:

1 kg de pez espada en filetes
1 limón
aceite
ajo
perejil
sal

Preparación:

- Limpiar de piel y espinas el pescado y reservar.

- Preparar un adobo con el ajo y el perejil picados, el zumo de limón, un chorro abundante de aceite y sal; removerlo bien para que el aceite se mezcle bien con el limón.

- En un «tupper-ware» o caja similar, extender bien 1 o 2 cucharaditas del adobo; colocar encima 1 capa de filetes; regarlos con otras 2 cucharaditas de adobo, y así sucesivamente hasta terminar el pescado (la última capa de pescado también debe ir cubierta con el adobo).

- Tapar la caja y meter en el frigorífico durante 3 o 4 horas.

- Unos 15 minutos antes de servir, dorar los filetes a la plancha por ambas caras.

- Evitar que se resequen añadiéndoles durante la cocción 1 cucharadita de adobo.

- Servir acompañados de ensalada fresca.

El pescado se puede tener en adobo desde el día anterior; así tomará mejor el gusto.

Aguacates con huevas de salmón

Para 6 personas
Dificultad: baja
Tiempo: 30 minutos

Ingredientes:

3 aguacates grandes o 6 pequeños
150 g de huevas de salmón
1 1/2 cucharadas de harina
mantequilla, 1 huevo, 1 limón y vinagre
pimienta y sal

Preparación:

- Preparar la salsa blanca con bastante anticipación, pues debe utilizarse fría.

- Poner 1 cucharada sopera de mantequilla en una cacerola, dejarla fundir y agregar la harina, mojar poco a poco con 3 vasos de agua caliente, para obtener una salsa fluida, sazonar con sal y pimienta, dejar cocer durante 5 minutos.

- Contar 1 cucharada de salsa para cada mitad de aguacate y mezclarla mientras está caliente, pero fuera del fuego, con 1 yema de huevo y 1 cucharada sopera de vinagre.

- Corregir de sal y pimienta.

- Batir la clara de huevo a punto de nieve e incorporarla a la salsa blanca cuando esté tibia.

- Conservarla en frío hasta el momento de utilizarla.

- Partir los aguacates en 2, en sentido longitudinal, y frotar la pulpa con un poco de jugo de limón para impedir que se ennegrezca.

- Mezclar los 2 tercios de las huevas de salmón con la salsa fría, probar para ver si está bien de limón y de pimienta.

- Rellenar las cavidades de los aguacates con el relleno y darle forma abombada; poner encima las huevas de salmón que quedaron.

- Servir bien frío.

Si se quiere abaratar este plato, se pueden poner huevas de merluza en vez de salmón.

Pan de atún

Para 6 personas
Dificultad: baja
Tiempo: 1 hora

Ingredientes:

500 g de atún cocido o 1 lata de atún natural
500 g de patatas en puré
3 huevos y un limón
aceite de oliva y ajo
1 latita de anchoas
300 g de aceitunas negras
perejil, 1 hojas de lechuga, pimienta y sal

Preparación:

- Hervir las patatas.

- Cocer 2 huevos, pelarlos y dejarlos enfriar; reservar el tercero.

- Reservar los mejores trozos de atún (aproximadamente los dos tercios del total) y reducir el resto a un puré fino.

- Quitar los huesos de las aceitunas.

- Pelar 3 o 4 dientes de ajo, aplastarlos en un mortero, añadiendo un hilillo de aceite de oliva; cuando quede una especie de pasta, añadir la yema del otro huevo y, sin dejar de revolver, una buena cantidad de aceite de oliva hasta obtener un tazón de mayonesa con ajo; añadir un poco de sal y el zumo de un limón.

- Pelar las patatas y aplastarlas con el tenedor; cuando estén un poco frías, añadirlas al puré de atún y a los dos tercios de la mayonesa con ajo, mezclarlo todo bien y probarlo: debe estar bastante fuerte.

- Untar un molde con aceite y llenar el fondo y los lados con la preparación que se acaba de obtener; colocar en el centro los trozos de atún reservados, de forma que estén completamente rodeados de puré; apretarlo bien y dejarlo 1 hora al fresco.

- Sacarlo a una fuente alargada con hojas de lechuga.

- Adornar con los huevos duros troceados, las aceitunas y las anchoas.

- Servirlo enseguida con el resto del alioli en una salsera.

Si las patatas no son nuevas, se cuecen antes si se ponen peladas y en trozos.

Rape frío con pimentón

Molde de mariscos

Para 6 personas
Dificultad: baja
Tiempo: 2 horas

Ingredientes:

500 g de bacalao fresco
500 g de merluza congelada
25 g de margarina a temperatura ambiente
1/2 litro de crema doble
1 cucharada de harina de trigo
1 cucharada de fécula de patata
2 huevos
2 claras de huevo
1 lata pequeña de mejillones
1 lata pequeña de colas de cangrejo de río
   (o 200 g de langostinos congelados)
pimienta y sal

Preparación:

* Desmenuzar el pescado. Sazonar con sal; mezclarlo con la margarina y trabajar bien con la mano.
* Aparte, batir conjuntamente la crema, la harina de trigo y la fécula de patata, los 2 huevos y la pimienta.
* Mezclar y añadir el pescado desmenuzado.
* Batir aparte las 2 claras de huevo a punto de nieve; agregarlas cuidadosamente a la mezcla del pescado.
* Distribuir la mezcla en capas con 1 cuchara dentro del molde, previamente engrasado.
* Colocar entre capa y capa los mejillones y las colas de langostinos.
* Terminar con la capa cremosa.
* Cubrir el molde totalmente con papel de aluminio bien apretado.
* Cocer al baño María en el horno a 200 °C durante 1 hora más o menos.
* Servir el pescado cremoso acompañado con salsa mayonesa o con puré de tomate, espárragos verdes, guisantes y patatas hervidas.

Truchas en gelatina

Para 6 personas
Dificultad: alta
Tiempo: 2 horas

Ingredientes:

8 truchas de 200 g
3 o 4 zanahorias
vino blanco seco
vinagre
1 ramito de hierbas
tomillo, laurel y perejil
gelatina
1 limón
pimienta en grano y sal

Preparación:

* Pelar las zanahorias y cortarlas en rodajas.
* Ponerlas en una cacerola con 2,5 litros de agua, 2 o 3 vasos de vino blanco seco, 1 vaso de vinagre, 1 ramo de hierbas, sal y pimienta en grano.
* Vaciar las truchas, lavarlas en agua fría.
* Ponerlas en el caldo frío preparado en la cacerola y calentar a fuego medio.
* Cuando entren en ebullición, dejar hervir suave durante 10 minutos.
* Retirar las truchas del caldo y ponerlas a enfriar en una fuente.
* Reducir el caldo.
* Cuando las truchas estén frías, quitarles la piel con cuidado; dejar las cabezas y colas intactas.
* Colar el caldo en un lienzo fino y utilizarlo para disolver las hojas de gelatina.
* Decorar las truchas con hojas de apio, rodajas de zanahoria y de pepinillos y cubrirlas con gelatina.
* Aplicarles una capa en la parte de las mismas que quede fuera de la gelatina.
* Dejar en el refrigerador 2 horas.
* Adornar la fuente con rodajas de limón en el último momento.

Rape frío con pimentón

Para 6 personas
Dificultad: baja
Tiempo: 1 hora y 30 minutos

Ingredientes:

1,5 kg de rape de la parte de la cola
vinagre
1 cebolla
1 zanahoria
hierbas finas
aceite de oliva
paprika
estragón
2 huevos duros
vino blanco
unas hojas de lechuga
perejil, pimienta y sal

Preparación:

* Preparar un caldo con 3/4 de litro de agua y 1/2 botella de vino blanco, aromatizarlo con 1 cebolla pelada y troceada en rodajas, las hierbas, sal y pimienta.
* Ponerlo a hervir tapado unos 30 minutos. Dejarlo enfriar.
* En ese tiempo, preparar el rape, quitarle la espina central y atarlo como un asado, no muy prieto.
* Cuando el caldo esté frío, colar y echar dentro el pescado y hervirlo a fuego lento unos 20 minutos.
* Dejarlo enfriar en el caldo.
* Poco antes de servir, aceitar el fondo de una fuente honda, añadir abundante paprika y poner el rape, bien escurrido, en este preparado.
* Preparar una vinagreta realzada con una buena cantidad de estragón picado y huevos duros igualmente picados.
* Decorar la fuente de servir con unas hojas de lechuga, briznas de estragón y ramas de perejil; regar el rape con unas cucharadas de salsa y servir el resto en una salsera.

Bacalao al alioli

Filetes de pescado con yogur

Para 4 personas
Dificultad: media
Tiempo: 40 minutos

Ingredientes:
8 filetes de pescado blanco sin espinas
1 yogur natural
2 cucharadas de tomate frito
80 g de harina
150 g de mantequilla
sal

Preparación:

- Limpiar y lavar los filetes de pescado.

- Una vez bien escurridos, añadirles la sal y pasarlos por harina.

- Poner la mantequilla en una sartén al fuego y freír en ella el pescado, dando la vuelta para que se haga bien por ambos lados.

- Dejarlo en una fuente que pueda ir al horno.

- En la grasa que sobró de la fritura rehogar 2 cucharadas de harina, añadiendo el yogur revolviendo bien el conjunto.

- Agregar el tomate frito y verter todo ello sobre los filetes.

- Poner al horno calentado unos 20 o 25 minutos, pasados los cuales se servirán a la mesa en la misma fuente de cocción.

Bacalao en salsa blanca

Para 4 personas
Dificultad: media
Tiempo: 30 minutos, más el tiempo de remojo

Ingredientes:
600 g de bacalao seco
4 dientes de ajo
perejil fresco
4 cucharadas soperas de yogur natural
1 vaso lleno de aceite
1/2 cucharadita de café de azúcar
sal

Preparación:

- Cortar a trozos cuadrados el bacalao. Dejar en remojo durante unas 24 horas, cambiando el agua varias veces (se puede adquirir desalado).

- Poner a hervir con la ultima agua del remojado. Cuando rompa el hervor, quitar la espuma, dejar unos minutos más y colocar en una fuente.

- En una cazuela de barro poner el aceite, colocarla sobre el fuego y agregar los dientes de ajo. Antes de que se doren, añadir el bacalao con la piel tocando el fondo de la cazuela.

- Incorporar el perejil picado y el yogur natural. Mezclar con cuidado para que el yogur se una al aceite; cocer a fuego muy suave.

- Agregar el azúcar y seguir removiendo sin tocar el bacalao, de forma que la salsa quede espesa y unida; dejar en el fuego unos 10 minutos más y servir caliente.

Bacalao al alioli

Para 6 personas
Dificultad: baja
Tiempo: 30 minutos

Ingredientes:
750 g de bacalao
6 patatas grandes
4 cebollas
pimienta en grano
5 tazas de agua

Alioli:
5 dientes de ajo
1 yema de huevo
1 taza de aceite de oliva
jugo de limón
sal

Preparación:

- El bacalao debe desalarse el día anterior poniéndolo en abundante agua fresca. Si el agua está templada, se puede estropear.

- Quitar la piel y las espinas.

- Poner la rejilla en la olla, agregar el agua, la pimienta, las cebollas enteras, las patatas sin pelar y el bacalao.

- Cocinar durante 15 minutos.

- Mientras, preparar el alioli: En un mortero, triturar los dientes de ajo, añadir la yema de huevo, incorporar el aceite poco a poco sin dejar de batir y agregar también unas gotas de zumo de limón.

- Poner el bacalao en la fuente. Añadir las cebollas picadas y alrededor las patatas peladas (troceadas si son grandes) y verter el alioli.

CONSEJO PRÁCTICO

Este plato se acompaña con vino blanco muy frío.

CONSEJO PRÁCTICO

Este plato queda muy bien adornado con huevos duros cortados y espolvoreado con perejil picado.

CONSEJO PRÁCTICO

El alioli debe tener la consistencia de una mayonesa.

Pescadilla en salsa de almendras

Budín de pescado

Para 6 personas
Dificultad: media
Tiempo: 1 hora y 15 minutos

Ingredientes:

750 g de pescado blanco
1 cebolla pequeña
2 puerros
2 zanahorias pequeñas
1 vaso pequeño de vino blanco
200 g de salsa de tomate
nuez moscada
4 huevos batidos
miga de pan o 3 cucharadas de pan rallado
1/2 vaso de leche
sal

Preparación:

- Poner todas las verduras en la olla, salar y cubrir de agua, cocer a presión durante 10 minutos, abrir la olla, agregar el pescado y el vino blanco; una vez que rompe a hervir, sacar.

- Cuando se enfríe, desmigar el pescado y mezclarlo con las verduras muy picadas, los huevos batidos, la salsa de tomate, el pan y la leche; añadir un poco de nuez moscada.

- Untar un molde con aceite y rellenarlo con la pasta.

- Cubrir el fondo de la olla con agua, meter el molde tapado con papel de aluminio y cocinar durante 30 minutos.

- Desmoldar en frío.

Merluza a la gallega

Para 6 personas
Dificultad: media
Tiempo: 30 minutos

Ingredientes:

1,5 kg de merluza
2 dientes de ajo
pan rallado
1 taza de agua
perejil picado
vino blanco
aceite
pimienta
sal

Preparación:

- Poner en la olla 3 cucharadas de aceite y freír los dientes de ajo cortados en láminas, colocar la rejilla y encima la merluza cortada en rodajas, cubrir con pan rallado, espolvorear con perejil, salpimentar y añadir con cuidado el agua y un chorrito de vino blanco.

- Cocer en la olla durante 7 minutos.

- Sacar con una espumadera las rodajas, colocar en una fuente de barro, cubrir con la salsa y dar un hervor antes de sacar a la mesa.

Pescadilla en salsa de almendras

Para 6 personas
Dificultad: media
Tiempo: 30 minutos

Ingredientes:

6 rodajas de pescadilla gorda
250 g de almendras crudas
1 cucharada de zumo de limón
manteca
1 taza de agua
pimienta y sal

Preparación:

- Las almendras deben estar en remojo desde la víspera.

- Preparar un adobo con el zumo de limón, la pimienta y la sal, rebozar el pescado y escurrirlo.

- Poner en la olla 1 cucharada de manteca, dorar el pescado por los dos lados y retirarlo.

- Colocar la rejilla con la pescadilla encima, cubrir con el agua, cerrar y cocinar durante 4 minutos.

- Poner las rodajas en una fuente.

- Picar las almendras, tostar un poco y añadir al caldo de la olla con un poco de harina tostada, hervir y remover unos instantes.

- Cubrir la pescadilla con esta salsa muy caliente y servir.

Pulpo con arroz

Cangrejos de río en salsa tártara

Para 6 personas
Dificultad: alta
Tiempo: 1 hora

Ingredientes:

3 docenas de cangrejos de río
2 cucharadas de manteca
1 vasito de vino blanco
1 copa de brandy
1 cebolla
1 zanahoria
1 rama de perejil picado
leche
pimienta
sal

Preparación:

- Poner los cangrejos en remojo con agua y leche (mitad agua, mitad leche) durante 3 horas. Tapar para que no salgan.

- Cuando se vayan a cocer, quitarles la tripa, retorciendo hacia fuera el centro de la cola.

- Poner en la olla un vaso de agua, el vino y el brandy, así como la cebolla y la zanahoria picadas muy finas, el perejil, pimienta, sal y una cucharada de manteca.

- Cuando empiece a hervir, agregar los cangrejos, cerrar y cocer durante 5 minutos.

- Enfriar en el mismo líquido donde se han cocido.

- Escurrir, separar y pelar las colas.

- Con los despojos de los cangrejos y una cucharada de manteca formar una pasta a la que se le añaden las verduras; luego, aplastarlo todo hasta conseguir una crema fina.

- Salpimentar y cubrir las colas con esa crema.

Filetes de gallo al brandy

Para 6 personas
Dificultad: media
Tiempo: 30 minutos

Ingredientes:

12 filetes de gallo
2 puerros
1 zanahoria
1 tomate
1 hoja de laurel
1 vaso (de los de vino) de brandy
1 cucharada de manteca
1 cucharada de harina
1/2 vaso de leche
150 g de champiñones
2 yemas
pimienta y sal

Preparación:

- Poner los filetes de gallo en la olla con 2 tazas de agua; cuando inicie el hervor, añadir los puerros, zanahoria, tomate, el laurel, la sal y el brandy.

- Cerrar y cocinar durante 6 minutos.

- Sacar los filetes de gallo de la olla y ponerlos a escurrir, colar las verduras y reservar el caldo.

- Colocar de nuevo la olla al fuego, agregar la manteca y la harina removiendo hasta conseguir una pasta; añadir una taza del caldo y un chorro de leche, no dejar de mover, poner los champiñones picados, cocer unos minutos, una vez retirada la salsa del fuego añadir las yemas batidas.

- Condimentar con sal y pimienta.

- Poner el pescado en una fuente y cubrir con la salsa.

- Servir caliente.

- Si se prefiere, puede meterse al horno y gratinar.

Pulpo con arroz

Para 6 personas
Dificultad: baja
Tiempo: 1 hora y 30 minutos

Ingredientes:

750 g de pulpo fresco
300 g de arroz
1/2 vaso de aceite
3/4 de litro de agua
1 cebolla
500 g de tomates maduros
pimienta
sal

Preparación:

- Poner en la olla 2,5 dl de agua; cuando comience a hervir, agregar el pulpo limpio y troceado.

- Cocer a presión durante 45 minutos. Sacar y reservar.

- De nuevo en la olla, poner el aceite a calentar, freír la cebolla muy picada, añadir los tomates pelados y sin pepitas, salpimentar y tener así 15 minutos.

- Cuando esté hecho, agregar el arroz y 1/2 litro de agua.

- Cerrar y cocinar durante 10 minutos.

- Servir junto al pulpo.

- El arroz queda más rico si se cuece con el agua de hervir el pulpo.

Arroz con sepia

Chipirones en su tinta

Para 6 personas
Dificultad: media
Tiempo: 1 hora y 15 minutos

Ingredientes:

1,5 kg de chipirones
4 cucharadas de aceite
1 cebolla
2,5 dl de salsa de tomate
pan duro
1 cucharadita de pan rallado
1 cubito de caldo
2 vasos de agua
perejil

Preparación:

- Limpiar y vaciar cuidadosamente los chipirones, sacarles la tinta y reservar.

- Calentar aceite en la olla y freír suavemente media cebolla picada y los tentáculos y las alas de los chipirones cortados en picadillo; añadir perejil y el pan rallado.

- Sacar y rellenar los chipirones con la mezcla anterior cerrándolos con un palillo, poner en la olla el resto de la cebolla y las rebanadas de pan duro, añadir el agua con el cubito y la tinta machacada y diluida en un poco de agua; por último, agregar el tomate y los chipirones, cerrar la olla y dejar cocer durante 7 minutos.

- Si la salsa ha quedado clara, se le da un hervor con la olla destapada hasta que se espese.

Merluza en vinagreta

Para 6 personas
Dificultad: baja
Tiempo: 30 minutos

Ingredientes:

6 rodajas de merluza
1 cebolla pequeña
perejil
3 huevos duros
vinagre
1 1/2 tazas de agua
aceite
pimienta
sal

Preparación:

- Poner el agua en la olla y, cuando hierva, agregar la cebolla muy picada y parte del perejil; incorporar con cuidado las rodajas de merluza, previamente sazonadas, y cocinar en la olla durante 5 minutos.

- Colocar el pescado en una fuente y cubrirlo con la vinagreta hecha con 6 cucharadas de aceite y 2 1/2 de vinagre, los huevos duros picados, el resto del perejil y sal.

Arroz con sepia

Para 4 personas
Dificultad: baja
Tiempo: 1 hora

Ingredientes:

300 g de sepia congelada
300 g de arroz
300 g de tomates
1 cebolla grande
3 cucharadas de aceite
1 diente de ajo
caldo
pimienta
sal

Preparación:

- Descongelar bien las sepias en su envase.

- En una cazuela con el aceite sofreír la cebolla y el ajo picados.

- Mientras tanto, cortar la sepia en trozos pequeños.

- Añadir el tomate triturado a la preparación de la cebolla y el ajo.

- Cocinar el conjunto durante 10 minutos.

- Agregar la sepia y dejarla cocer 20 minutos.

- Luego, añadir el arroz y mezclar bien.

- Cubrir con caldo, añadiendo más en caso necesario hasta su cocción.

- Unos minutos antes de apartarlo del fuego, añadir la sal y bastante pimienta.

CONSEJO PRÁCTICO

Servir en cazuela de barro, dejando que reposen un rato. Acompañar con arroz blanco.

CONSEJO PRÁCTICO

A la vinagreta se le puede añadir cebolla muy picada. Le da un sabor más fuerte y agradable.

CONSEJO PRÁCTICO

Este arroz se acompaña con un vino rosado.

Lenguados sabrosos

Emperador con tomate

Para 4 personas
Dificultad: baja
Tiempo: 1 hora

Ingredientes:
4 tajadas de emperador congelado
6 tomates bien maduros
1/2 vaso de aceite
1 diente de ajo
1/2 cucharadita de orégano
pimienta
sal

Preparación:

- Descongelar el pescado en su envoltorio y lavarlo ligeramente bajo el chorro de agua del grifo.

- Dorar en una cazuela con aceite el diente de ajo y luego retirarlo.

- Agregar al aceite el perejil y la albahaca picados.

- Darles una vuelta y añadir los tomates, pelados y picados.

- Cuando la salsa se haya espesado, colocar en la cazuela los trozos de pescado.

- Sazonar con sal y mucha pimienta, añadirle un pellizco de orégano.

- Cocer durante 15 minutos, dando la vuelta de vez en cuando al pescado.

Gambas al vino blanco

Para 4 personas
Dificultad: baja
Tiempo: 30 minutos

Ingredientes:
600 g de gambas congeladas
3 cucharadas de aceite
1 cebolla
1 zanahoria
30 g de mantequilla
1 copa de vino blanco seco
perejil
pimienta y sal

Preparación:

- Dejar descongelar las gambas en su envoltorio.

- Colocar en una cazuela la mantequilla y el aceite con las verduras picadas muy finas.

- Dejarlas sofreír a fuego moderado durante 10 minutos.

- Añadir las gambas y sazonar con sal y mucha pimienta.

- Agregarle el vino y continuar la cocción hasta que se haya consumido.

Lenguados sabrosos

Para 4 personas
Dificultad: baja
Tiempo: 30 minutos

Ingredientes:
500 g de filetes de lenguado congelado
4 cucharadas de aceite
harina
perejil
1 diente de ajo
albahaca
sal

Preparación:

- Descongelar los filetes en su envoltorio.

- Lavarlos, secarlos bien y pasarlos por harina.

- Sofreír en una cazuela con aceite el diente de ajo, luego quitarlo y agregar el perejil y la albahaca picados.

- Añadir los filetes, salarlos y cocerlos durante 8 minutos.

- Se sirven inmediatamente muy calientes.

Gambas con gabardina

Gambas con brécoles

Para 3 personas
Dificultad: baja
Tiempo: 20 minutos

Ingredientes:

300 g de gambas congeladas (sin cáscara)
jengibre
1 1/2 cucharadas de maicena
250 g de brécoles (congelados)
aceite
1 cucharadita de sal
1 cucharadita de azúcar
2 cucharaditas de sake
3 cucharadas de caldo o agua

Preparación:

- Hervir los trozos de brécoles en abundante agua con sal.
- Cortar el jengibre en tres rodajas.
- Sazonar las gambas con un chorrito de zumo de jengibre y espolvorearlas con una cucharada de maicena.
- Freírlas con fuego mediano.
- Poner 4 cucharadas de aceite en una sartén y saltear el jengibre.
- Incorporar los brécoles y las gambas, rociar el caldo.
- Sazonar con azúcar, sal y pimienta.
- Agregar 1/2 cucharada de maicena disuelta en el agua.

Carpa frita

Para 6 personas
Dificultad: baja
Tiempo: 45 minutos

Ingredientes:

1 carpa
2 cucharadas de salsa de soja
1 cucharada de sake
1 plato de harina
2 huevos

Preparación:

- Lavar y secar la carpa con un paño limpio.
- Hacer varios tajos con un cuchillo en la parte del lomo que quedará arriba y otros tres profundos en la parte de abajo.
- Sazonar con sake y salsa de soja.
- Dejar durante 20 minutos para que tome buen sabor.
- Secar de nuevo con el paño.
- Enharinar las dos caras y sacudir para que caiga la harina sobrante.
- Pasar después por los huevos batidos como para tortilla.
- Poner a calentar el aceite a fuego mediano.
- Freír la carpa hasta que adquiera un color dorado.
- Mezclar un poco de harina y el resto del huevo batido.
- Echarlo encima del lomo que quedará arriba.
- Freírlo un rato más hasta que se dore.
- Servir en una fuente, adornar con trozos de piñas, tomate, etc.

Gambas con gabardina

Para 6 personas
Dificultad: baja
Tiempo: 30 minutos
(incluido condimentar las gambas)

Ingredientes:

18 gambas
zumo de jengibre o en polvo
1 1/2 cucharadas de maicena
1 clara de huevo
comino
aceite
sal

Preparación:

- Quitar la cabeza a las gambas, pelarlas dejándoles un poco de caparazón junto a la cola.
- Dar 2 o 3 cortes en la parte ventral para que queden derechas.
- Sazonar con un chorrito de zumo de jengibre, sal y un poco de maicena.
- Dejar reposar unos 15 minutos.
- Poner el aceite en una sartén y a fuego medio.
- Batir la clara de huevo, espolvorearla de maicena (una cucharada).
- Coger las gambas de una en una y envolverlas bien con la masa, agarrándolas por la cola para que ésta quede limpia.
- Echar en el aceite, de modo que no tropiecen y no se peguen unas con otras.
- Sacarlas cuando estén doradas y reservarlas al calor.
- Servir con sal y comino aparte.

CONSEJO PRÁCTICO

Si no es época de brécoles o no se encuentran, se pueden sustituir por espinacas o habas.

CONSEJO PRÁCTICO

Si se prepara la carpa en casa, hay que tener mucho cuidado cuando se quiten los intestinos para que no se rompa el hígado; es muy amargo y estropea todo el sabor del plato.

CONSEJO PRÁCTICO

Procurar servir muy recientes, que es cuando están en su punto. Se pueden utilizar como aperitivo.

Albóndigas de róbalo

Rollitos de lenguado

Para 6 personas
Dificultad: baja
Tiempo: 30 minutos

Ingredientes:

Lenguados de ración hechos filetes
6 espárragos gordos
jengibre en polvo, sal y pimienta
sake y 2 cucharadas de harina
1/2 cucharadita de levadura
2 claras de huevo
maicena y aceite para freír

Preparación:

- Lavar y secar los filetes de lenguado y aplastarlos.
- Cortarlos por la mitad.
- Formar unos rollitos, poniendo el espárrago en el centro, cortado para que no sobresalga.
- Pegar bien los rollitos con un poco de maicena para que al freír no se desenrollen.
- Preparar la masa para rebozar.
- En un bol, batir bien las claras y mezclar en la harina y levadura.
- Calentar el aceite en una sartén a fuego medio
- Echar los rollitos bañados en la masa.
- Poner el fuego más fuerte, y cuando empiecen a flotar, sacarlos del aceite.
- Servir en una fuente.
- Servir aparte salsa de soja, sal, pimienta y ketchup, a gusto.

COCINA MEXICANA

Jitomate con centolla

Para 4 personas
Dificultad: media
Tiempo: 1 hora

Ingredientes:

1 centolla
4 jitomates grandes
1 cebolla
1 apio
2 cebollinos
4 ramitas de cilantro
4 cucharadas de salsa rosa
aceite
pimienta
sal

Preparación:

- Cocer la centolla en agua hirviendo con sal durante 15 minutos.
- Escaldar los jitomates; refrescarlos con agua fría y vaciarlos con una cucharita.
- Tamizar la pulpa; mezclar con un chorrito de aceite, sal y pimienta y repartirla en 4 platos.
- Picar finamente la cebolla, el apio y el cebollino; separar y desmenuzar la carne de la centolla.
- Mezclar la centolla con la cebolla, el apio y el cebollino y salpimentar; añadir salsa rosa y remover.
- Rellenar los jitomates con la mezcla anterior y colocarlos sobre la salsa de tomate; adornar con una ramita de cilantro y servir.

Albóndigas de róbalo

Para 4 personas
Dificultad: alta
Tiempo: 1 hora

Ingredientes:

500 g de róbalo
4 cebollitas de Cambray
1 tomate
2 chiles poblanos
1 diente de ajo
2 huevos
4 dl de puré de tomate
1,5 dl de caldo de pescado
1 ramita de perejil
2 rebanadas de pan de molde
2 cucharadas de vinagre
1 cucharada de aceite
pimienta
sal

Preparación:

- Limpiar y cortar el róbalo en filetes; desmenuzarlo.
- Picar finamente las cebollitas, el perejil y el ajo; pelar y picar fino el tomate; asar, desvenar y cortar en tiritas los chiles.
- Poner las rebanadas de pan a remojar en el vinagre; añadir las cebollitas y el ajo y mezclar; agregar el pescado, el perejil, el tomate y mezclar en una pasta homogénea; incorporar los huevos, salpimentar y hacer las albóndigas.
- Calentar el aceite en una sartén y sofreír las tiritas de chile poblano; agregar el puré de tomate y el caldo de pescado y dejar hervir a fuego moderado durante 5 minutos; añadir las albóndigas y cocer a fuego suave durante 20 minutos; servir caliente.

Bacalao de Guerrero

Tortuga estofada al vino blanco

Para 6 personas
Dificultad: alta
Tiempo: 1 hora

Ingredientes:

1 tortuga
1 cebolla
500 g de papas
300 g de jitomates
100 g de aceitunas verdes
200 g de almendras
200 g de pasas de uva sin semillas
1 vaso de vino blanco
1 cucharada de mantequilla
sal

Preparación:

- Asar el jitomate; pelar y cortar en dados las papas; pelar y trocear la cebolla; filetear las almendras; trocear la carne de la tortuga.

- Cocer la tortuga y las papas en agua con sal.

- Moler y colar juntos la cebolla y el jitomate.

- Fundir la mantequilla en una cazuela y sofreír la salsa de jitomate; añadir la tortuga, las pasas, las aceitunas, las almendras, las papas y 2 tazas del caldo de tortuga, salar y hervir a fuego suave hasta que espese.

- Añadir el vino, dar un hervor y servir.

Besugo al mojo de ajo

Para 4 personas
Dificultad: baja
Tiempo: 40 minutos

Ingredientes:

800 g besugo
1 limón
4 dientes de ajo
2 ramitas de perejil
1,5 dl de aceite de oliva
pimienta y sal

Preparación:

- Limpiar y cortar el pescado en 4 filetes; exprimir el limón; picar finos el ajo y el perejil.

- Salpimentar el pescado, bañarlo con jugo de limón y dejarlo macerar 15 minutos.

- Calentar la mitad del aceite y sofreír el ajo; reservar caliente.

- Calentar el resto del aceite en otra sartén y dorar por ambos lados los filetes.

- Colocar los filetes en sus platos, rociarlos con la salsa de ajo y espolvorearlo con perejil.

Bacalao de Guerrero

Para 4 personas
Dificultad: media
Tiempo: 40 minutos

Ingredientes:

1 kg de bacalao fresco
500 g de jitomate
250 g de cebolla
250 g de chiles verdes
10 dientes de ajo
100 g de miga de pan
100 g de mantequilla
vinagre
sal

Preparación:

- Cocer el bacalao en agua durante 15 minutos.

- Picar el jitomate, la cebolla, los chiles y el ajo.

- Cortar el bacalao en filetes; remojar el pan con vinagre.

- Fundir la mantequilla en una sartén y sofreír la cebolla, el jitomate, los chiles y el ajo.

- Poner en una cazuela y en capas sucesivas el sofrito y los filetes de bacalao y, por último, la miga de pan remojada; tapar y hervir a fuego moderado durante 30 minutos.

- Servir caliente.

CONSEJO PRÁCTICO

Si la tortuga es la llamada caguama, más grande que la tortuga marina común, se puede utilizar parte de su caldo de cocción como base para sopa o alguna salsa.

CONSEJO PRÁCTICO

Debe procurarse que el ajo se tueste bien, pero que no se queme.

CONSEJO PRÁCTICO

El bacalao fresco es un pescado blanco y, por tanto, su contendido de grasa es bajo.

Pulpo a la marinera

Ceviche de pez sierra al modo de Acapulco

Para 10 personas
Dificultad: alta
Tiempo: 25 minutos
(más el tiempo de maceración)

Ingredientes:

1 pez sierra
1 langosta
10 cangrejos
10 ostiones
3 limones
2 tomates
1 cebolla
2 chiles serranos
100 g de aceitunas
vinagre
aceite de oliva
pimienta
orégano
sal

Preparación:

- Limpiar el pescado, la langosta y los cangrejos; separar las carnes del pescado y los mariscos, picarlas menudas y ponerlas en una fuente plana.

- Exprimir los limones y añadir el jugo al pescado y al marisco; dejar reposar 1 hora y 30 minutos.

- Picar finamente la cebolla, el tomate, el chile y las aceitunas y mezclar; escurrir la carne, pasarla por agua fría, volverla a escurrir y añadirla a la mezcla anterior.

- Sazonar con sal, pimienta, orégano y sendos chorritos de vinagre y aceite antes de servir.

CONSEJO PRÁCTICO

Para mejorar el plato se puede emplear aceite de oliva virgen.

Ostiones al gratén

Para 4 personas
Dificultad: media
Tiempo: 25 minutos

Ingredientes:
24 ostras
1 limón
2 cucharadas de mantequilla
1 cucharada de pan rallado
50 g de queso parmesano rallado
1 taza de salsa bechamel espesa
pimienta

Preparación:

- Lavar las ostras con agua fría; frotar las conchas con un cepillo y cocerlas sin agua a fuego moderado durante 10 minutos.

- Picar fino el perejil; exprimir el limón.

- Retirar las ostras del fuego y reservar su jugo de cocción; separar las ostras de su concha y poner en 8 de éstas 3 ostras juntas; colocarlas en una fuente refractaria.

- Colar el jugo de ostras y añadir 2 cucharadas a la salsa bechamel; bañar con ella las ostras.

- Espolvorear las ostras con pan y queso rallados y perejil; añadirles una pizca de pimienta, una viruta de mantequilla y unas gotas de jugo de limón.

- Gratinar en el horno a 150 °C.

- Servir calientes.

CONSEJO PRÁCTICO

Este plato se acompaña con vino blanco seco, joven y ligeramente afrutado.

Pulpo a la marinera

Para 4 personas
Dificultad: media
Tiempo: 3 horas y 20 minutos
(más el tiempo de maceración)

Ingredientes:

1 pulpo
3 tomates
1 cebolla
2 dientes de ajo
10 limones
100 g de alcaparras
200 g de aceitunas
2 ramitas de perejil
1 ramita de tomillo
sal

Preparación:

- Exprimir el jugo de los limones y macerar el pulpo durante unas 2 horas.

- Escurrir y lavar el pulpo; quitarle los ojos y la bolsa amarilla reservando la piedrecilla azul que hay en ella.

- Golpear el pulpo con un mazo de madera y trocearlo; cocer en agua con sal durante 3 horas a fuego moderado.

- Picar la cebolla, el jitomate, el ajo y el perejil; calentar el aceite y sofreírlos sazonándolos con sal; añadir las aceitunas, las alcaparras y el pulpo con una taza de su caldo y hervir durante 5 minutos.

- Pasarlo todo a otra olla y añadir el tomillo; disolver en agua tibia la piedrecilla y añadirla; dar un hervor y servir.

CONSEJO PRÁCTICO

Para que el pulpo salga tierno conviene echarle 2 o 3 chorritos de agua fría durante su cocción.

Camarones a la criolla

Jaibas rellenas

Para 4 personas
Dificultad: media
Tiempo: 40 minutos

Ingredientes:
24 jaibas
1 jitomate
1 cebolla
2 dientes de ajo
2 ramitas de perejil
100 g de piñones pelados
100 g de pasas de uva sin semilla
100 g de almendras
100 g de aceitunas deshuesadas
100 g de alcaparras
pan rallado
4 cucharadas de mantequilla
aceite y sal

Preparación:

- Hervir las jaibas en agua con sal durante 15 minutos.

- Picar la cebolla, el jitomate, el perejil, los ajos, las aceitunas y las alcaparras; triturar los piñones y las almendras.

- Sacar la carne de las patas, las pinzas y el caparazón de las jaibas y picarla; limpiar y reservar los caparazones.

- Mezclar la carne con el resto de los ingredientes y salar; calentar la mantequilla y sofreír la mezcla anterior.

- Rellenar los caparazones con el sofrito, rociar con aceite y espolvorear con el pan; dorar en el horno caliente.

Filete de merluza pueblo viejo

Para 4 personas
Dificultad: media
Tiempo: 30 minutos

Ingredientes:
4 filetes de merluza
1 limón
1 cebolla
2 chiles verdes
3 dientes de ajo
4 nopalitos
orégano
4 cucharadas de mantequilla
4 hojas de mixiote
pimienta
sal

Preparación:

- Exprimir el limón; picar el ajo, la cebolla y los chiles; cortar en tiritas los nopalitos.

- Salpimentar los filetes de pescado y rociarlos con limón; cocerlos en agua durante 7 minutos.

- Fundir la mantequilla en una sartén y sofreír la cebolla, el ajo, los chiles y los nopalitos sazonados con orégano y sal.

- Escurrir los filetes, cubrirlos con el sofrito y envolverlos con las hojas de mixiote; asar al horno caliente durante 10 minutos y servir.

Camarones a la criolla

Para 4 personas
Dificultad: media
Tiempo: 50 minutos

Ingredientes:
800 g de camarones
1 cebolla
8 cebollas de Cambray
3 chiles serranos
2 jitomates
2 dientes de ajo
1 vaso de crema de leche dulce
80 g de mantequilla
pimienta
sal

Preparación:

- Lavar y limpiar los camarones; pelar y picar muy finamente la cebolla, los chiles y los ajos; pelar, despepitar y picar los jitomates.

- Cocer en agua ligeramente salada las cebollas de Cambray.

- Calentar la mantequilla y sofreír la cebolla picada; añadir los camarones, los chiles y los ajos, salpimentar y freír durante 5 minutos.

- Agregar los jitomates y cocer durante 10 minutos; añadir las cebollas de Cambray y, poco a poco, la crema y cocer a fuego suave hasta que todo esté ligado y espeso.

Calamares rellenos

Brochetas de rape

Para 6 personas
Dificultad: baja
Tiempo: 15 minutos

Ingredientes:

600 g de rape
8 langostinos pequeños
4 champiñones, pequeños
1 cebolla grande, troceada
1 pimiento verde, troceado
2 o 3 tomates grandes
  (o 12 tomatitos de jardín)
4 cucharadas de aceite
pimienta negra recién molida
sal

Preparación:

- Trocear el rape en cuadraditos y pelar los langostinos.

- A continuación, ensartar todos los ingredientes en brochetas de madera, alternándolos.

- Sazonarlos con sal y pimienta y embadurnarlos con el aceite.

- Seguidamente, calentar la bandeja de dorar durante 5 minutos en el microondas y, sin retirarla del mismo, colocar las brochetas y conectar otros 5 minutos, dándoles la vuelta dos o tres veces durante el tiempo de cocción, para que se hagan por igual.

- Servirlas con ensalada.

Cazuela de almejas al vino blanco

Para 4 personas
Dificultad: baja
Tiempo: 18 minutos

Ingredientes:

1 kg de almejas
3 dientes de ajo
2 ramitas de perejil
1 vasito de vino blanco
2 cucharadas de aceite de oliva
sal

Preparación:

- Poner las almejas en agua fría con sal.

- Pelar y picar finos los ajos; picar fino el perejil y mezclarlo con los ajos.

- Poner en una cazuela las almejas, añadir la picada de ajo y perejil, rociar con el vino y el aceite y cocer en el microondas durante 8 minutos.

- Servir caliente con su jugo.

Calamares rellenos

Para 4 personas
Dificultad: media
Tiempo: 25 minutos

Ingredientes:

8 calamares medianos
  (o más cantidad, según tamaño)
150 g de carne de cerdo picada
2 cebollas
2 dientes de ajo
1 huevo
1 ramita de perejil
3 rebanadas de pan
1/2 taza de leche
5 cucharadas de aceite de oliva
pimienta y sal

Preparación:

- Vaciar, limpiar y lavar los calamares; reservar con sus tentáculos y aletas.

- Quitar la corteza al pan y poner la miga a remojar en la leche.

- Pelar y cortar en juliana las cebollas o picarlas; pelar y picar los dientes de ajo; picar muy fino el perejil; cortar en rodajas finas el limón.

- Poner en un cazo el pan escurrido, la carne picada, el huevo, el ajo y el perejil, salpimentar y mezclar bien.

- Rellenar con esta mezcla los calamares y cerrarlos con un palillo.

- Calentar al microondas en una fuente el aceite durante 2 minutos y rehogar la cebolla durante 5 minutos; añadir los calamares rellenos y cocer 10 minutos.

- Dar vuelta a los calamares, rociar con el vino y cocer 10 minutos más.

- Servir caliente.

CONSEJO PRÁCTICO

El rape es un pescado de rica y sabrosa carne que merma mucho al cocinarlo.

CONSEJO PRÁCTICO

El vino blanco siempre ha de ser seco y de buena calidad.

CONSEJO PRÁCTICO

Se puede servir adornando cada plato con una o dos rodajitas de limón.

Bonito con almendras

Langostinos Vinaroz

Para 6 personas
Dificultad: media
Tiempo: 20 minutos

Ingredientes:

750 g de langostinos medianos
3 chalotas, picadas
2 cucharadas de mantequilla
1 cucharada de harina
1 copa de vino blanco, seco
125 ml de caldo de cocer las cabezas
  de los langostinos
4 cucharadas de tomate frito
1 cucharada de perejil, estragón y laurel,
  finamente picados
1/2 cucharadita de tabasco
sal

Preparación:

- Pelar los langostinos, reservarlos y poner las cabezas en un cuenco.

- Añadir agua caliente con sal e introducir en el microondas, conectando durante 2 minutos.

- Colar el caldo y reservar.

- A continuación, poner en un recipiente la mantequilla y las chalotas y conectar 4 minutos.

- Seguidamente, agregar la harina, mezclarla bien e incorporar, poco a poco, el caldo reservado y el vino.

- Añadir el tomate, las hierbas y el tabasco, tapar el recipiente y conectar 6 minutos.

- Por último, añadir los langostinos, tapar de nuevo y conectar 3 o 4 minutos más.

- Sazonar al gusto y servirlos acompañados con pasta hervida y salteada con mantequilla.

Áspic de merluza

Para 6 personas
Dificultad: media
Tiempo: 15 minutos

Ingredientes:

500 g de merluza congelada
12 gambas, peladas
400 ml de agua hirviendo o caldo de pescado
200 g de mayonesa
100 ml de nata líquida
2 pepinillos picados
15 g de gelatina en polvo, sin sabor
pimienta blanca molida
sal

Preparación:

- Poner la merluza en una cazuela, cubrirla con el agua o caldo, sazonar ligeramente e introducir en el microondas, conectando 4 minutos.

- Añadir las gambas y conectar 2 minutos más.

- Dejar templar, colar el caldo y reservarlo.

- A continuación, desmenuzar la merluza y mezclarla con la mayonesa, la nata y los pepinillos picados.

- Seguidamente, disolver la gelatina en el caldo y verterla en un molde, cubriendo aproximadamente 1 cm de la base.

- Introducir en el frigorífico, dejar cuajar y colocar encima las gambas.

- Si sobra alguna, picarla e incorporarla a la mezcla de merluza.

- Cubrir las gambas con gelatina y dejar cuajar.

- Por último, mezclar la gelatina restante con la merluza preparada y verter en el molde.

- Introducir en el frigorífico durante 24 horas y servir con ensalada.

Bonito con almendras

Para 1 persona
Dificultad: baja
Tiempo: 18 minutos

Ingredientes:

1 rodaja de bonito de 350 g,
  aproximadamente
3 cucharadas de aceite de oliva
1 cebolla grande, cortada en aros
1 diente de ajo, prensado
4 cucharadas de tomate frito
1 pimiento morrón cortado en cuadraditos
1 copa de vino blanco seco
1 hoja de laurel
30 g de almendras tostadas
sal

Preparación:

- Poner en una bandeja el aceite, junto con la cebolla y el ajo y colocarla en el microondas, conectando 4 minutos.

- A continuación, agregar el tomate, el pimiento, el vino y el laurel.

- Tapar y conectar durante 3 minutos más.

- Sazonar ligeramente.

- Seguidamente, sazonar el bonito y colocarlo en la bandeja, cubriéndolo ligeramente con la salsa.

- Tapar y conectar el microondas durante 4 o 5 minutos, dependiendo del grosor.

- Por último, dejar reposar durante 3 minutos, aproximadamente, espolvorear por encima con las almendras tostadas picadas finas y servir caliente.

Salmón al cava

Rodaballo en blanco

Para 6 personas
Dificultad: media
Tiempo: 20 minutos

Ingredientes:
4 rodaballos
30 g de mantequilla
1 sobre de crema de puerros
200 ml de caldo de pescado
100 ml de nata líquida
pimienta negra recién molida
sal

Preparación:

- Colocar los rodaballos, una vez limpios, en una fuente de tipo pyrex.

- Poner pegotitos de mantequilla por encima, tapar la fuente e introducir en el microondas, conectando durante 6 minutos.

- Retirar la fuente y reservar.

- A continuación, en un cuenco, disolver 2 cucharadas de la crema de puerros en el caldo y conectar 2 minutos, removiendo a la mitad de la cocción.

- Añadir la nata, sazonar con sal y pimienta y verter sobre los rodaballos reservados, moviendo la fuente para que se ligue la salsa.

- Por último, introducir de nuevo en el microondas y conectar 2 minutos más.

Zarzuela de pescado

Para 6 personas
Dificultad: baja
Tiempo: 1 hora

Ingredientes:
1 pescadilla de 750 g
500 g de rape
250 g de congrio
1 cebolla
2 dientes de ajo
3 tomates
3 carabineros
500 g de mejillones
250 g de chirlas
perejil
harina
limón
5 cucharadas de aceite
2 cucharadas de agua
pimentón
pimienta y sal

Preparación:

- Dar un hervor a los pescados y mariscos.

- Reservar el agua; una vez fríos los pescados, desmenuzarlos, cuidando que no queden espinas.

- Quitarles las conchas a los moluscos y partir en trozos los carabineros. Reservar.

- Calentar el aceite en la olla y dorar la cebolla; cuando empiece a ponerse transparente, añadir los ajos, el tomate (picado y sin piel), el pescado y los mariscos. Rehogar, sazonar y verter 2 vasos del agua reservada.

- Cocer a presión durante 5 minutos.

- Servir en fuente de barro con el perejil picado por encima.

Salmón al cava

Para 4 personas
Dificultad: media
Tiempo: 25 minutos

Ingredientes:
4 rodajas de salmón
30 g de mantequilla
1 cebolla picada en juliana
1/2 botellín de cava
unas hojitas de romero
2 cucharadas de nata líquida
pimienta
sal

Preparación:

- Verter en un recipiente la mantequilla y la cebolla e introducir en el microondas durante 4 minutos.

- Añadir el cava y el romero y conectar 5 minutos más.

- Mientras tanto, limpiar el salmón y sazonarlo con sal y pimienta.

- A continuación, incorporar el salmón a la salsa.

- Tapar el recipiente con hoja plástica, perforándola con un tenedor para dejar salir el vapor y conectar 7 u 8 minutos.

- Dejar reposar 2 o 3 minutos.

- Seguidamente, retirar el recipiente del microondas, sacar las rodajas de salmón y colocarlas en una fuente de servir, manteniéndolas calientes.

- Por último, ligar la salsa con la nata y verterla sobre las rodajas de salmón.

- Servir acompañado con patatitas doradas o al gusto.